RELATION
DE CE QUI S'EST PASSÉ
DANS
LES TROIS VOYAGES
QUE LES RELIGIEUX
DE L'ORDRE DE NOSTRE-DAME
DE LA MERCY
ONT FAITS DANS LES ETATS DU ROY
de Maroc pour la Redemption des Captifs
en 1704. 1708. & 1712.

Par un des Peres Deputez pour la Redemption, de la Congregation de Paris, du même Ordre.

A PARIS,
Chez ANTOINE-URBAIN COUSTELIER,
Libraire, Quay des Augustins.

M. DCC. XXIV.
Avec Approbation & Permission.

EPITRE
A
MESSEIGNEURS
LES EVÊQUES
DE BRETAGNE.

MESSEIGNEURS,

SI l'Ordre de Notre-Dame de la Mercy en general est principalement institué pour racheter les Chrétiens qui gemissent dans une dure captivité chez les Nations barbares, la Congregation de Paris de cet Ordre est dans une obligation plus particuliere de travailler à la liberté de ceux de la Province de Bre-

EPITRE.

tagne qui sont dans l'Esclavage. Les Religieux de cette Congregation recueillent dans cette Province les aumônes que la pieté des Fidéles destine pour un si saint usage, & c'est sous vos auspices, MESSEIGNEURS, & avec vos Mandemens qu'ils parcourent cette grande Province pour y apprendre aux peuples le malheur de leurs freres Captifs. Si la compassion que ces Religieux s'efforcent d'inspirer aux Fidéles devient fructueuse, ils regardent les ressources saintes, qu'ils trouvent dans la charité de ces ames sensibles aux peines de leurs freres, comme les effets du zele avec lequel, MESSEIGNEURS, vous les exhortez à cette œuvre de misericorde pour leurs Compatriotes. L'onction sainte répanduë dans vos Mandemens pleins de motifs pressans pour une action si digne de la pieté Chrétienne, touche les peuples qui vous sont soûmis, les attendrit & les excite à y contribuer de leurs aumônes qu'ils confient aux Religieux de la Mercy, qui croyent qu'il est de leur devoir & de leur exactitude de vous rendre compte, MESSEIGNEURS, & en vos personnes à toute la Province de Bretagne de l'usage

EPITRE.

qu'ils ont fait jusques à present des deniers destinez pour la Redemption. C'est aussi cela, MESSEIGNEURS, qui me fait prendre aujourd'huy la liberté de vous offrir cette Relation, dans laquelle vos GRANDEURS verront les tentatives que nous avons faites pendant tant d'années pour racheter les François Esclaves dans les Etats de Mouley Ismaël Roy de Maroc; dans laquelle elles liront tous les contre-tems & les contradictions que nous avons essuyées de toutes parts dans une Negotiation continuée pendant huit années, pour tâcher de conduire à sa fin ce grand projet d'un rachat general; par laquelle elles seront informées des dépenses considerables qui ont été indispensables dans une si longue Negociation, ayant été obligez d'y faire entrer tant de personnes jugées necessaires pour la faire réussir; Nogociation où il s'est trouvé tant d'obstacles, qui autant qu'on en peut juger, dureront tant que vivra ce Prince Barbare, qui augmente autant qu'il luy est possible le nombre des Esclaves François. Les Religieux de la Mercy esperent que la difficulté qu'ils trouvent de par-

EPITRE.

venir au Rachat des Esclaves pendant la vie de ce Roy Infidéle, ne diminuëra rien de votre charité à l'égard de ces infortunez; & qu'au contraire la prolongation de leurs peines sera pour vos GRANDEURS un motif encore plus puissant pour leur faire procurer du soulagement en continuant vos Mandemens pour cet effet.

J'ay l'honneur d'être avec un profond respect,

MESSEIGNEURS,

DE VOS GRANDEURS,

Le très-humble & le très-obéissant serviteur F. ✱✱✱ un des Peres Députez pour la Redemption, de la Congregation de la Mercy de Paris.

AVERTISSEMENT.

JE ne prétens pas donner un agrément à cette Relation, en y ajoûtant une description des mœurs, des coutumes & de la Religion des Peuples qui composent les Etats du Roy de Maroc, & en faisant l'histoire du regne de Mouley Archi, qui a reüni par ses conquêtes les Royaumes des Algarves, de Fez, de Maroc, de Sous & de Tafilet; & de celuy de Mouley Ismaël son frere à present regnant, & qui luy a succedé dans tous ses Etats. Le sieur Moüette, qui a été Esclave en ce païs-là, & qui a été racheté par les Religieux de Nôtre-Dame de la Mercy dans la Redemption qu'ils y ont faite en 1681. en a instruit le Public dans son Livre qu'il a fait imprimer en 1693. De même que le sieur Pidou de Saint Olon dans la Relation de son Ambassade auprès de Mouley Ismaël en 1693. Ainsi les

AVERTISSEMENT.

curieux trouveront dans ces deux Livres de quoy se satisfaire.

Je prétens seulement donner une Relation simple & sincere de tout ce qui s'est passé dans les trois Voyages que les Peres Deputez pour la Redemption ont faits dans les Etats de ce Prince Barbare, pour y faire un rachat general des Esclaves François. J'y ajouteray cependant quelques particularitez que j'ay sçûës & vûës dans le païs, & les histoires tragiques de Mouley Mahamet & de Mouley Zidan, deux fils du Roy de Maroc, qui se sont revoltez contre leur Pere. J'y ajouteray aussi les rachats qui se sont faits jusques en 1716.

Le Lecteur verra par cette Relation la difference qu'il y a de faire la Redemption dans les Royaumes d'Alger, de Tunis & de Tripoli, & de la faire dans les Etats du Roy de Maroc. La difference consiste en ce que dans ces trois Royaumes les Esclaves Chrétiens appartiennent pour la plû-

AVERTISSEMENT.

part à des particuliers qui les achetent pour leur service & qui les revendent après quand ils y trouvent du profit; & de ce que ceux qui gouvernent les peuples sont d'assez bonne foy, & executent assez exactement les traitez qui se font avec eux: de là vient que l'esclavage y est moins rude, & le rachat plus facile & moins cher; mais dans les Etats du Roy de Maroc tous les Esclaves Chrétiens appartiennent à ce Prince, & c'est à luy à qui il faut s'adresser pour traiter de leur rachat. J'ajoute à cela que Mouley Ismaël est un Prince sans foy, sans parole, & qui se fait un point de Religion de tromper les Chrétiens qui font des traitez avec luy ; & que les Esclaves ont pour Maître un Roy qui a tué de sa propre main, ou fait tuer en sa presence un nombre infini de ses Sujets, sans épargner ses propres femmes & ses enfans ; de-là vient que l'esclavage y est plus rude, & le ra-

AVERTISSEMENT.
chat plus difficile & plus cher.

Il y a long-tems que j'aurois dû avoir donné au jour cette Relation pour instruire le Public de toutes les tentatives que les Religieux de l'Ordre de la Mercy ont faites pour parvenir à un rachat general des Esclaves François; en effet ils n'ont rien oublié depuis l'année 1681. de tout ce qui pouvoit servir à ce dessein. En 1704. ils ont crû pouvoir y réussir, & se sont joints aux Religieux de l'Ordre de la trés-sainte Trinité pour pouvoir délivrer dans un seul Voyage tous les François Esclaves dans les Etats du Roy de Maroc; mais le peu de succès d'une negociation de huit années ne leur a que trop fait connoître que pendant le regne de Mouley Ismaël il n'y avoit point d'esperance de faire un rachat general.

J'ay donc attendu pour voir si enfin on pourroit terminer heureusement cette grande affaire qui tient en haleine depuis si long-tems les Religieux de

AVERTISSEMENT.

la Redemption; mais considerant que ce Prince barbare continuoit toujours dans le dessein de ne point permettre un rachat general, j'ay crû ne devoir pas differer davantage de donner au Public cette Relation, pour l'instruire de ce que les Religieux de l'Ordre de la Mercy ont fait pour accomplir leur quatriéme vœu, qui les engage au rachat des Captifs & à demeurer en ôtage pour eux, quand il est necessaire; persuadé que par le moyen de cette Relation, qui luy apprendra les peines qu'on a euës dans une si longue negociation, les dépenses qu'il a fallu faire pour tenter un heureux succès, & les démarches qu'on a faites pour porter le Roy de Maroc & ses Ministres à executer les traitez conclus avec eux, les Religieux de l'Ordre de la Mercy seront bien approuvez dans tous les mouvemens qu'ils se sont donnez pour réüssir dans une Redemption generale.

Comme je parle souvent de pia-

AVERTISSEMENT.

ſtres dans cette Relation, il eſt à propos de donner icy une petite explication ſur ce ſujet. Il y a en Eſpagne trois ſortes de piaſtres; les unes ſe nomment colomnes, & elles viennent du Perou; les ſecondes s'appellent mezicanes, & elles viennent de la nouvelle Eſpagne; & les troiſiémes ſe fabriquent en Eſpagne; les deux premieres n'ont point de cours dans le Commerce, & elles ſont conſervées comme une marchandiſe qui ſe vend à ceux qui en ont beſoin. Quand on va à la Redemption dans les Royaumes d'Alger, de Tunis & de Tripoli, il faut neceſſairement apporter des piaſtres mezicanes; mais quand on va dans les Etats du Roy de Maroc, on y apporte des piaſtres colomnes, & même les mezicanes y peuvent être reçûës. Dans tout le tems de notre longue negociation, nous avons acheté les piaſtres colomnes ſur le pied de trois livres dix ſols piéce, plus ou moins, monnoye

AVERTISSEMENT.

de France, suivant le change qui n'est pas toujours égal; mais à present les piastres montent environ à six livres dix sols piéce, monnoye de France.

Le Lecteur ne trouvera pas dans cette Relation l'élegance du stile & la pureté de la diction; mais il sera sûr d'y trouver la verité des faits qui y sont rapportez; & comme c'est la principale chose qu'il doit souhaiter dans un pareil ouvrage, j'ay tout lieu d'esperer qu'il sera content.

PERMISSION
DU REVEREND PERE
VICAIRE GENERAL.

Je souffigné Vicaire general de la Congregation de Paris de l'Ordre de Nôtre-Dame de la Mercy, Redemption des Captifs, permets au Pere *** de faire imprimer par tel Imprimeur qu'il voudra, *la Relation de ce qui s'eft paffé dans les trois Voyages, que les Religieux de l'Orde de Notre-Dame de la Mercy ont fait dans les Etats du Roy de Maroc en 1704. 1708. & 1712. pour la Redemption des Captifs & des rachats faits jufques en 1716.* par luy compofée. Fait à Paris ce 12. Août 1723.

F. BERNARD LE ROY,
Vicaire general de la Mercy.

PERMISSION.

LOUIS PAR LA GRACE DE DIEU, Roy DE FRANCE ET DE NAVARRE: A nos amez & feaux Conseillers, les Gens tenans nos Cours de Parlement, Maîtres des Requêtes ordinaires de notre Hôtel, Grand Conseil, Prevôt de Paris, Baillifs, Sénéchaux, leurs Lieutenans Civils, & autres nos Justiciers qu'il appartiendra, salut: Notre bien amé ANTOINE-URBAIN COUSTELIER, Libraire & Imprimeur à Paris, Nous ayant fait supplier de lui accorder nos Lettres de Permission pour l'impression d'une *Relation de ce qui s'est passé dans les trois Voyages des Religieux de la Mercy dans les Etats du Roy de Maroc depuis 1704. jusques en 1716.* Nous avons permis & permettons par ces Présentes audit COUSTELIER, d'imprimer ou faire imprimer ladite *Relation cy-dessus expliquée* en tels Volumes forme, marge, caractere, conjointement ou séparément, & autant de fois que bon lui semblera, & de le vendre, faire vendre & débiter par tout notre Royaume pendant le tems de trois années consécutives, à compter du jour de la datte desdites Présentes. Faisons défenses à tous Imprimeurs Libraires, & autres personnes, de quelque qualité & condition qu'elles soient, d'en introduire d'impression étrangere dans aucun lieu de notre obeissance; à la charge que ces Présentes seront enregistrées tout au long sur le Régistre de la Communauté des Libraires & Imprimeurs de Paris, & ce dans trois mois de la date d'icelles; que l'impression de ladite *Relation* sera faite dans notre Royaume & non ailleurs, en bon papier & en beaux caracteres, conformément aux Reglemens de la Librairie, & qu'avant que de l'exposer en vente, le Manuscrit ou Imprimé qui aura servi de copie à l'impression de ladite *Relation*, sera remis dans le même état où l'Approbation y aura été donnée ès mains de notre très-cher & féal Chevalier Garde des Sceaux de France, le Sieur Fleuriau d'Armenonville, & qu'il en sera ensuite remis deux exemplaires dans notre Bibliotheque, un dans celle de notre Château du Loûvre, & un dans celle de notre dit très-cher & féal Chevalier Garde des Sceaux de France, le Sieur Fleuriau d'Armenonville, le tout à peine de nullité des Présentes ; du contenu desquelles vous mandons & enjoignons de faire joüir l'Exposant ou ses ayans cause, plainement & paisiblement, sans souffrir qu'il leur soit fait aucun trouble ou empêchement. Voulons qu'à la copie desdites Présentes, qui sera imprimée tout au long au commencement ou à la fin dudit Livre, foy soit ajoûtée comme à l'Original. Commandons au premier notre Huissier ou Sergent, de faire pour l'execution d'icelles tous actes requis & nécessaires, sans demander autre Permission, & nonobstant clameur de Haro, Charte Normande & Lettres à ce contraires ; car tel est notre plaisir. Donné à Paris le trentiéme jour du mois de Mars, l'an de grace mil sept cens vingt-quatre, & de notre Regne le neuviéme. Par le Roy en son Conseil.

FOUBERT.

Registré sur le Registre V. de la Chambre Royale des Libraires & Imprimeurs de Paris N°. 797. Fol. 489. conformément aux anciens Reglemens, confirmés par celuy du 28. Fevrier mil sept cens vingt-quatre. A Paris ce 5. Avril 1724. BALLARD, *Syndic.*

RELATION
DES TROIS VOYAGES
faits dans les Etats du Roy de Maroc pour la Redemption des Captifs.

CHAPITRE PREMIER.

Conquêtes de Mouley Archy Roy de Maroc. Sa mort. Mouley Ismaël son frere luy succede. Redemptions faites en 1676. & 1681. dans les Etats du Roy de Maroc ; Redemption faite en 1690. dans le Royaume d'Alger. Lettre écrite au Roy par les Esclaves François au sujet de leur liberté. Lettre du Roy de Maroc au même, au sujet de la Redemption; Son Passeport. Départ des Peres Députez pour la Redemption. Leur arrivée à Madrid & à Cadiz. Leur conference touchant la ma-

A

nière d'agir pour réussir dans la Redemption. La précaution qu'il faut prendre à l'échange d'un Esclave Chrétien avec un Esclave Maure. Départ de Cadiz. Traité fait entre le Roy de Maroc & les Marchands Chrétiens qui demeurent dans ses Etats. Arrivée à Salé. Description du Port. Couriers Maures.

OULEY Archy fils de Mouley Cherif Roy de Tafilet avoit réuni par ses conquêtes les royaumes des Algarves, Fez, Maroc, Sous & Tafilet, sous une même domination, & il étoit paisible possesseur de tous ces Royaumes, lors qu'il apprit que Mouley Mahamet son neveu, qu'il avoit établi Viceroy de Maroc, vouloit se rendre indépendant & se faire Roy absolu. Cette nouvelle l'obligea de marcher vers cette Capitale avec une puissante armée pour mettre ce Rebelle à la raison; il n'eut pas beaucoup de peine à le réduire, & il

se contenta de l'exiler dans le royaume de Tafilet, sans luy faire d'autre mal; quoique tout le monde s'attendît qu'il le feroit mourir cruellement; mais il excusa sa jeunesse, & il se prépara à exercer sa cruauté sur ceux qui avoient influé dans la rebellion, soit par leurs conseils, soit par leur assistance, & il les fit tous mettre en prison. Ce Prince voulut celébrer sa victoire par une fête publique, & par un repas magnifique qu'il donna aux Grands de sa Cour; il avoit coûtume dans ces sortes d'occasions de boire du vin avec excès, & se trouvant dans l'yvresse après le repas, il luy prit fantaisie d'aller se promener à cheval dans le Jardin du Palais; mais, soit que son cheval prît le mors aux dents, soit qu'il le poussât trop fort, il se cassa la teste à une grosse branche d'arbre, & il mourut quelques jours après. Cette mort arriva en l'année 1672. Mouley Ismaël à present regnant, à qui Mouley Archy avoit donné la

Ville de Miquenez pour y faire sa demeure, ayant appris la nouvelle de la mort de son frere, se fit proclamer Roy de Fez, & se rendit ensuite maître des autres Royaumes, après avoir vaincu & détruit tous ceux qui voulurent s'y opposer.

Du tems de Mouley Archy il n'avoit pas été possible de faire aucune Rédemption, quelque tentative que l'on ait pû faire ; mais Mouley Ismaël permit aux Religieux de l'Ordre de la Mercy d'en faire une en 1676. & une autre en 1681. On a donné dans le tems les Rélations de ces deux Rédemptions. Ils voulurent encore y aller en 1689. mais ce Prince n'ayant pas voulu permettre une troisiéme Rédemption, ils allérent à Alger ville & Port de Barbarie, où ils rachetérent en 1690. 150. Esclaves, qui furent mis par ordre du Roy sur les Vaisseaux de guerre qui étoient à Toulon, quelque tems après leur arrivée à Marseille, où ils parurent en procession. Ces Esclaves étant tous matelots, étoient necessaires au service de Sa Majesté, qui soutenoit pour lors une rude guerre par terre & par mer. Comme il n'y avoit plus de François Esclaves dans les royaumes d'Alger, Tunis & Tripoli, à cause de la paix que le Roy avoit faite avec les peuples de ces trois Royaumes, qui luy rendirent tous ses Sujets Esclaves; (tous les François qui depuis ce tems-là ont pû s'y trouver ayant été pris au service des Etrangers, & par consequent faits Esclaves, conformément aux Capitulations passées avec ces Peuples) on fut obligé d'attendre qu'il plût au Roy de Maroc permettre l'entrée dans ses Etats pour y traiter du rachat des Esclaves. Enfin en 1703. tous les François esclaves dans les Etats de ce Prince prirent la liberté d'écrire une lettre au Roy pour implorer sa puissante protection, & l'assûrer que le

Roy de Maroc étoit disposé à permettre leur rachat. Sa Majesté sensible au malheur de ses Sujets, & attendrie par cette lettre, que leur misérable état bien détaillé avoit encore renduë plus persuasive, ordonna aux Superieurs des deux Ordres destinez à la Rédemption des Captifs, de faire partir incessamment leurs Peres Députez, afin de profiter de l'occasion favorable, qui se présentoit, de briser les chaînes de ces infortunez. Le Reverend Pere Blandiniere, assez connu à Paris par ses Prédications & Ex-Provincial de l'Ordre de la Mercy, avoit reçû auparavant un ordre de la Cour d'aller jusques à Cadiz pour solliciter le Passeport que le Roy de Maroc avoit promis, après avoir écrit une lettre au Roy, par laquelle il témoignoit à Sa Majesté, que les Peres de la Rédemption pouvoient venir en toute sûreté dans ses Etats pour y traiter du rachat des Esclaves François. Ce Passeport étant en langue Arabe, qui est celle du païs, on a crû faire plaisir au Lecteur de le mettre icy en François.

Louange à Dieu seul, & il n'y a aucune force ni puissance que par ce Dieu très-haut & très-grand.

Ordre Royal du Serviteur de Dieu, qui se confie en Dieu, le Prince & Empereur des fidéles croyans Mouley Ismaël, le Cherif de la branche de Hassan, Dieu fasse triompher ses Ordres, & donne la Victoire à ses troupes benites & à ses Armées, & perpetuë la gloire & l'honneur dans la famille Royale Ainsi soit-il.

La place du Sceau.

QUE cette sacrée Patente & ce Passeport authentique, Ordre à qui on doit obéir, & ce Sceau qui doit être universellement honoré, demeure entre les mains de ses porteurs les Religieux François de la Redemption, afin qu'il leur serve, s'il plaît à Dieu, en ce que de raison, & qu'ils jouissent de sa protection avec bonheur & benediction. C'est que nous leur avons accordé la sûreté entiere & la

A iiij

protection générale tant sur mer que sur terre dans tout notre florissant Empire avec leur compagnie & leur suite; en sorte qu'ils ne puissent aucunement craindre d'être inquietez ni troublez dans leur Voyage, soit sur mer, soit sur terre, ni dans tout leur séjour en ce païs & terres de notre Jurisdiction & obéissance, jusques à ce qu'ils soient retournez en leur propre païs; Ordonnant à tous nos Commandans, Gouverneurs & Officiers d'obéir exactement au present ordre & Passeport sans y manquer, & qu'ils se donnent bien de garde de contrevenir au commandement du Cherif leur Empereur, sous peine de la vie. Le salut donné le 14. jour de la Lune de Rabbi à Attani, l'an de l'Egire 1115. c'est-à-dire le 27. Aoust 1703.

En execution de l'ordre du Roy, qui ne pouvoit nous être que très-agréable, nous partîmes de Paris le Pere François Berthier Ex-VicaireGeneral de la Congregation de Paris de l'Ordre de la Mercy, & premier Deputé pour la Rédemption, le Pere Simon Quillet Procureur de la Rédemption & moi comme second Deputé, le Mardy 22e. Avril 1704. Nous avions été nommez au Chapitre de notre Congregation, tenu au mois de May 1702. auquel le R. Pere Pierre de Marines avoit été élû Vicaire General. Nous prîmes la route d'Espagne à cause de la guerre qui nous boûchoit le passage par mer, & nous arrivâmes à Madrid le Vendredy 30e. May, où nous negociâmes nos lettres de change pour Cadiz; nous trouvâmes dans cette ville Capitale du Royaume d'Espagne le Pere Bernard Alexis Forton Docteur en Theologie, Commandeur du Convent de l'Ordre de la Mercy de Carcassonne, & premier Deputé pour la Redemption, de la Province de Guyenne, du même Ordre, & le Frere Joseph Caster Religieux de la même Province & fort connu dans les Relations de la Rédemption pour s'être trouvé dans toutes celles qui se sont faites depuis qu'il fut délivré du pouvoir de Mouley Ismaël Roy de Maroc, en 1676. par les Religieux de la Mercy, & dans l'Ordre desquels il avoit pris l'habit, afin de travailler plus efficacement à retirer de captivité les Esclaves ses confreres. Nous sortîmes tous cinq de Madrid le Dimanche 15ᵉ. Juin, & nous arrivâmes à Cadiz le Lundy 30ᵉ. où le Pere Nicolas Brun Commandeur du Convent de la Mercy de Marseille & second Deputé pour la même Province étoit déja depuis 15. jours, s'étant embarqué à Marseille sur un Vaisseau de Saint Malo nommé le S. Pierre, qui avoit échoüé sur les côtes d'Espagne près Gibraltar, en voulant éviter des Vaisseaux ennemis qui le poursuivoient.

Les Peres Deputez pour la Redemption, de l'Ordre de la très-sainte Trinité, sçavoir le Pere Barthelemi Toëri Docteur de Sorbonne, & pour lors Ministre du Convent d'Arras, le Pere Dominique Busnot Ex-Vicaire Genefal de sa Congregation reformée & Ministre du Convent de Lizieux, & le Pere Ignace Liebe Ministre du Convent de Doüay arrivérent aussi à Cadiz quelque tems après; ainsi nous trouvant tous ensemble dans cette Ville fort connuë dans toute l'Europe pour son riche commerce des Indes Occidentales, nous déliberâmes entre nous sur les moyens que nous devions prendre pour réüssir plus promptement & plus facilement dans le dessein que nous avions de racheter tous les François esclaves dans les Etats du Roy de Maroc. Le moyen que nous trouvâmes le plus convenable à notre dessein, fut de nous adresser à l'Alcaïd Ali Ben Abdalla Viceroy des Algarves de Barbarie; mais deux raisons nous en détournérent. La premiere fut la paix que cet Alcaïd avoit faite depuis peu au nom du Roy son Maître avec les Anglois qui venoient de s'emparer de la Ville & du port de Gibraltar sur le Roy d'Espagne. Nous conclûmes que l'Alcaïd étant si uni avec les Ennemis de la France, il n'étoit pas de l'intérêt des esclaves François de prendre pour leur mediateur un Ministre, qui selon toutes les apparences ne devoit pas leur être favorable; la seconde raison fut que nous reçûmes deux lettres de Miquenez, séjour ordinaire du Roy de Maroc, sçavoir une du sieur Perillié Consul à Salé pour la nation Françoise, & qui se trouvoit pour lors dans cette Ville Royale; & l'autre des Esclaves François. Le Roy de Maroc avoit nommé en premiere instance l'Alcaïd Ali Ben Abdalla pour Mediateur de la Rédemption; mais nous apprîmes par ces deux lettres que ce Prince en avoit nommé deux autres à la sollicitation des Esclaves; Sçavoir Abdalla Ben Aïcha Admiral de Salé, connu en France par son Ambassade auprès du Roy en 1699. & Cidi Achmet el Andaloufi Renegat Espagnol, Medecin & Secretaire du Roy de Maroc

Ces deux raisons nous firent changer de resolution & nous obligérent de prendre la route de Salé, pour éviter par là le passage sur les terres du Gouvernement de ce Viceroy des Algarves, qui ne nous auroit pas été favorable; nous cherchâmes donc une embarquation pour nous transporter au port de Salé ; mais nous ne pouvions en trouver, parce que le commerce de Cadiz pour Barbarie étoit interrompu par les Vaisseaux ennemis qui croisoient vers le détroit de Gibraltar.

Pendant ce tems-là j'eus nouvelle de Paris, que le nommé Jean-Baptiste Bodenés natif de la ville de Quimper en basse Bretagne, étoit heureusement arrivé à Nantes par la voye d'une Tartane, & que sur l'avis de son arrivée le Reverend Pere Paschal Gauthier, pour lors Vicaire General de la Congregation de la Mercy de Paris après la mort du Reverend Pere de Marines, avoit fourni la somme de 706. liv. sçavoir 400. liv. pour l'achat d'un Maure natif de Salé, nommé Abdalla Ben Ali, Esclave sur les Galeres de France, & 306. liv. pour satisfaire à ce que le sieur Pierre Gauthier Marchand François résident à Salé avoit avancé tant pour le droit de sortie des Portes, que pour d'autres frais indispensables dans de pareilles occasions; en effet l'Esclave Maure arriva à Cadiz au mois de Septembre sur une Cetie Françoise commandée par le Patron Villeneuve, & chargée à Marseille pour Salé. On observera en passant, que lorsqu'on veut échanger un Esclave Chrétien pour un Esclave Maure, on fait venir auparavant le Chrétien sous la caution d'un Marchand François résident à Salé, & que dès qu'il est arrivé en terre Chrétienne, on renvoye le Maure par la premiere commodité. Cette précaution est devenuë necessaire depuis qu'on a veu par plusieurs experiences que le Roy de Maroc retenoit l'Esclave Chrétien après que l'Esclave Maure étoit de retour en Barbarie, & que ce Prince, contre sa parole donnée, refusoit de luy rendre la liberté. On observera encore que si cet Esclave Breton a été racheté à si bon marché, c'est qu'il étoit impotent, & par consequent inutile aux travaux du Roy de Maroc.

Comme nous vîmes la mer libre par la retraite de l'armée navale ennemie, laquelle avoit été obligée de retourner au plus vîte dans ses ports pour se remettre du mauvais état où elle se trouvoit depuis le combat qu'elle avoit osé presenter le Dimanche 24e. Aoust à l'armée navale du Roy commandée par Monseigneur le Comte de Toulouse, nous voulûmes profiter de la commodité que nous offroit la Cetie du Patron Villeneuve; mais une autre Cetie Françoise, chargée pareillement à Marseille pour Salé, étant entrée à Cadiz avec une Escadre Françoise, nous resolûmes de nous embarquer sur cette seconde Cetie nommée le S. Pierre &

commandée par le Patron Sennequier, parce qu'elle nous parut plus seure; nous voulûmes convenir avec ce Patron du prix de notre passage, mais il nous fit une réponse tout à fait Chrétienne, en nous disant que dans son dernier voyage pour Salé il avoit été le porteur du Passeport que le Roy de Maroc nous avoit envoié pour l'affaire de la Redemption, & que puisqu'il avoit été assez heureux à ce voyage que de nous trouver à Cadiz, il vouloit profiter de l'occasion que Dieu luy offroit de continuer à rendre service aux pauvres Esclaves; qu'ainsi il nous prioit de ne luy point parler d'argent, & qu'il se trouveroit trop bien payé, ayant le bonheur de cooperer à une aussi bonne œuvre, qu'étoit celle de la Redemption.

Les vents du Sud contraires aux Bâtimens qui vont de Cadiz à Salé, & qui regnérent pendant une partie du mois de Septembre, & pendant tout le mois d'Octobre, ayant enfin cedé
la

la place au vent favorable pour notre Voyage, nous nous embarquâmes le Samedy premier Novembre sur les trois heures du soir, après un séjour de quatre mois dans la ville de Cadiz; le lendemain nous apperçûmes à la pointe du jour deux Vaisseaux à la poupe de notre Bâtiment & trois autres à la prouë; à la verité ils étoient éloignez; cependant, si nous avions eu un Patron moins habile, nous aurions été fort embarassez; mais il fit une manœuvre si à propos, qu'il nous mit en peu de tems hors de crainte, & nous fit perdre de vûë ces cinq Vaisseaux; sur les deux heures après midy un autre Vaisseau nous approcha, mais il nous parut ami; il brouilla ses voiles pour nous attendre & pour sçavoir des nouvelles; mais comme en tems de guerre la méfiance est la mere de sûreté, notre Patron fit ses efforts pour l'éviter, & c'est ce qui obligea ce Vaisseau de continuer sa route, & il nous sembla prendre celle de Cadiz. Le

B

Lundy 3e. nous n'apperçûmes rien, mais nous fimes peu de chemin, tant parce que le vent étoit peu favorable, que parce qu'il étoit souvent interrompu par le calme; nous rangeâmes la coste de Barbarie, afin de nous mettre hors d'insulte de la part des Corsaires de Salé & de Larache; précaution que nous jugeâmes necessaire, quoique nous eussions le Passeport du Roy de Maroc, & que par consequent nous ne devions avoir aucun sujet de crainte; mais nous voulûmes encore nous asûrer davantage, en nous mettant en état de profiter du Traité fait au sujet du Commerce entre le Roy de Maroc & les Marchands Chrétiens qui demeurent dans ses Etats: ce Traité consiste principalement en deux articles; le premier en ce que les Bâtimens qui vont dans les Ports de ce Prince, ne peuvent être pris par les Corsaires, quand ils sont à la vûë de la terre de Barbarie; & le second en ce que ceux qui sortent de ces Ports ne font point de bonne prife, jufques à ce qu'ils ayent touché en terre Chrétienne. Le Mardy 4e. nous apperçûmes une heure après jour la ville de Salé, qui se fait voir par sa haute Tour nommée Haffan par les gens du païs; nous trouvâmes à la rade deux Vaiffeaux Marchands Hollandois, & une Cetie Françoife, dont le Patron nommé Abeillie se mit auffi-tôt dans sa Chaloupe pour nous rendre visite; ce Patron nous ayant dit qu'il retournoit à Cadiz, nous profitâmes de l'occafion & nous écrivîmes pour France, afin de donner avis à nos Superieurs de notre heureuse arrivée à Salé.

Les Marchands François réfidents en cette Ville n'eurent pas plûtôt apperçû notre Bâtiment qu'ils envoyérent le Pilote de la Barre avec sa Barque, pour l'introduire dans la Riviere, & pour nous transporter ensuite dans la Ville avec nos hardes & nos effets: ils sçavoient que ce Bâtiment étoit celui du Patron Sennequier, & que nous

B ij

devions nous embarquer deſſus. Le Patron Villeneuve, dont on a parlé cy deſſus, & qui étoit arrivé cinq à six jours avant nous, les avoit informez de tout. La Barre étoit aſſez bonne & le paſſage fut heureux; cette Barre eſt un grand banc de ſable qui ſe trouve à l'embouchûre de la Riviere, & on ne peut paſſer que par deux canaux, qui changent aſſez ſouvent de ſituation; c'eſt pourquoy les Vaiſſeaux un peu grands n'oſent entrer dans la Riviere, & ils reſtent à la Rade; il n'y a que les petits Vaiſſeaux, Ceties & Tartanes qui puiſſent y entrer, & encore ont-ils beſoin du ſecours du Pilote de la Barre, qui ſort avec ſa Barque pour leur donner l'entrée & enſuite les faire ſortir, ce ſecours étant encore plus neceſſaire pour la ſortie. Quand les vents de Sud & de Sud-Oueſt regnent, cette Barre eſt ſi épouventable, à cauſe des vagues de la mer que ces vents y pouſſent, & qui la font paroître comme une montagne remplie de jets d'eau, qu'il est alors impossible de la passer, & il arrive assez souvent que les Bâtiments sont contraints de rester pendant un tems considerable dans la Riviere, ou à la Rade sans pouvoir sortir ni entrer. Nous trouvâmes à notre descente un grand nombre de Maures, qui s'étoient rendus sur le rivage pour satisfaire leur curiosité; les Marchands François vinrent aussi nous recevoir, ayant à leur tête le sieur Fabron Chancelier du Consulat de France; les complimens faits de part & d'autre, nous prîmes tous ensemble le chemin de la maison du sieur Perillié Consul de France; en passant nous rencontrâmes le Gouverneur de la Ville nommé Agi Moreno, lequel étoit assis avec deux ou trois Maures sur une marche de pierre à l'entrée d'une voute fort large, peu longue & assez élevée; cette voute est jointe à une autre de même structure; on les appelle Cananettes, & elles servoient de marché public, quand les Saltins se gouvernoient par eux-mêmes: nous en fûmes quittes pour faire une petite inclination, parce que les Maures aiment mieux les presens que les complimens. Lorsque nous fûmes arrivez à la maison Consulaire, nous apprîmes que le sieur Consul étoit à la ville de Larache, où il avoit été obligé de se rendre de Miquenez, à l'occasion de deux Tartanes Françoises, dont une avoit été prise par un Corsaire du païs & conduite dans ce port, quoiqu'elle ne fist que de sortir de celui de Salé, & l'autre, qui étoit aussi sortie du même Port, ayant été forcée de se refugier à Larache pour éviter la poursuite d'un Vaisseau ennemi, avoit été declarée de bonne prise par le Gouverneur de la Ville. Le Roy de Maroc, conformément au Traité fait avec les Marchands Chrétiens, avoit ordonné à ce Gouverneur de restituer ces deux Tartanes dans le même état qu'elles étoient au tems de leur prise; ce qui fut exécuté sur le champ, parce que l'ordre de ce Prince ne va jamais sans être accompagné d'une menace de mort en cas de désobéïssance. Nous depêchâmes donc deux couriers, l'un à Larache pour donner avis au sieur Perillié de notre arrivée à Salé, & l'autre à Miquenez pour donner le même avis à Abdalla Ben Aïcha & à Cidi Achmet el Andalousi, & pour les prier d'obtenir du Roy leur Maistre la permission de nous rendre à la Cour. Les couriers en Barbarie vont à pied, & cependant ils ne laissent pas de faire une grande diligence, pour gagner au plûtost le peu d'argent qu'on leur donne; quand un courier part, sa provision pour le chemin est un petit sac de farine qu'il porte à son coû; lorsqu'il veut manger, il s'arrête auprès d'un ruisseau ou d'une fontaine, & il n'a pas besoin de feu pour faire sa cuisine; il met un peu de farine dans le creux de sa main, il fait ensuite avec le doigt un trou au milieu de cette farine, pour y mettre de l'eau, & après en avoir fait une espece de pâte, il l'avale. Ce repas ne luy fait pas perdre beaucoup de tems, & ne l'empêche pas de marcher pour luy avoir trop chargé l'estomach; ces couriers ne marchent que de jour, à cause de la grande quantité de Lions & de Tigres qui se trouvent dans le païs; en Esté les grandes chaleurs ne les incommodent pas, le Soleil au contraire les rafraîchit; en Hyver, quand il survient une grosse pluye, ils se deshabillent entierement, ils font un pacquet de leurs habits, & ils s'asseoient dessus, jusques à ce que la pluye soit passée; par ce moyen ils conservent sechement leurs habits, & par consequent ils ne les ont point mouillez quand ils veulent se r'habiller; ils font la même chose lorsqu'ils ont une Riviere ou un Torrent à passer; & ils mettent leurs habits sur la tête en traversant, soit par la nage, soit autrement.

CHAPITRE

CHAPITRE II.

Description de la Ville de Salé. Impolitesse des Maures. Leur respect pour le nom de Dieu. Present fait au Gouverneur. Civilité & politesse des Marchands Chrétiens. Habillement des Maures. Visite faite à deux Juifs demeurans au vieux Salé, leur superstition. Juifs répandus dans tous les Etats du Roy de Maroc, leur adresse dans le Commerce, leur maniere de s'habiller, mépris qu'en font les Maures. Depart pour Miquenez. Incommodité des Voyages dans les Etats du Roy de Maroc. Adoüar, Village du païs. Sûreté dans les chemins. Beauté de la campagne, avantage qu'on en pourroit tirer. Raisons pour lesquelles le païs n'est pas bien cultivé. Danger de passer pour riche.

EN attendant les deux couriers, il faut faire le plan de la ville de Salé. Salé comprend deux Villes,

C

dont l'une qui regarde le Nord, est proprement ce qui s'appelle Salé; & l'autre, qui est du côté du Midy, se nomme l'Arabal, c'est-à-dire le Faux-bourg, mais qui compose une nouvelle Ville; & c'est-là où nous descendîmes, parce que tous les Marchands Chrétiens y demeurent, tant pour la commodité du Commerce, que parce que l'air y est meilleur & plus sain qu'à l'autre Ville, qui est encore appellée le vieux Salé, & qui n'est habitée que par des Maures & des Juifs. Ces deux Villes sont separées par une riviere nommée Burregret, & qui en fait le Port. On passe d'une Ville à l'autre sur des bateaux, parce que les Maures ne sont point gens à faire bâtir des ouvrages pour la commodité publique, & ils laissent, comme on dit, le monde tel que Dieu l'a fait; les rues des deux Villes sont étroites, & comme elles ne sont point pavées, aussi sont-elles fort incommodes en tems de pluye pour les Etrangers; je dis pour les Etrangers, parce que les Maures & les Juifs en sont quittes pour ôter leurs babouches ou souliers, qu'ils portent sans bas, & qu'ils ont la patience de tenir à leurs mains pendant tout le tems qu'ils sont en Ville. Les maisons n'ont point de fenêtres au dehors, & elles n'ont pour la plûpart que l'étage d'en bas; c'est pourquoy les Marchands Chrétiens font exhausser celles qu'ils loüent des gens du païs; elles ont au milieu une cour, qui donne la lumiere à tous les appartemens, & elles sont toutes couvertes en terrasses. C'est pour cette raison que les Etrangers se placent toujours au quartier des Juifs, pour avoir la liberté de se promener sur ces terrasses; & c'est ce qui ne leur seroit pas permis, s'ils avoient les Maures pour voisins, parce que les Mauresques y passent une partie de la journée, & qu'il n'est pas permis en ce païs-là de regarder les femmes. Un Marchand François a fait sur ce sujet à ses dépens une experience qui a servi aux autres;

comme il étoit logé auprès de la maison d'un Maure, il voulut un jour aller chercher un petit chien qui luy servoit de tourne broche, & qui s'en étoit fui sur la terrasse ; malheureusement pour luy, il se trouva une Mauresque sur la terrasse voisine, & qui communiquoit à la sienne ; cette femme se mit à crier à la force, & alla ensuite chez le Cady, qui est le Juge de la Ville, pour se plaindre qu'un chien de Chrétien étoit venu pour la forcer ; cette affaire luy coûta une somme considerable, & l'obligea de changer de logis au plus vîte, pour éviter une pareille avanture. La maison Consulaire se trouvoit proche celle des Maures, & un jour nos deux domestiques étant montez sur la terrasse pour s'y promener, le sieur Consul l'ayant sçû, y alla tout aussi-tôt pour les faire descendre, crainte que par leur inadvertence, il ne leur arrivât un pareil accident, ou qu'il ne prît envie à quelque Maure de leur tirer un coup de fusil.

Ces deux Villes ont chacune leur muraille avec des Tours de distance en distance; mais celle de la nouvelle ville est d'une plus grande circonference; aussi il n'y a que la moitié de son enceinte où il y ait des maisons, & le reste est employé en vignes, en jardins & arbres fruitiers. Elle a de plus deux Châteaux qui se communiquent l'un à l'autre par une grande muraille bâtie entre deux sur le bord de la mer; le plus grand est situé sur un rocher assez élevé du côté du Port, & il a au bas sur l'embouchure de la riviere, un fortin muni de cinq pieces de canon, pour faciliter la retraite des Corsaires, lorsqu'ils sont poursuivis par les Vaisseaux Chrétiens. Il peut y avoir dans ces deux Châteaux trente pieces de canon de fer, & la garnison n'est composée que de soldats Noirs, qui sont assez bien logez. Au dehors de cette nouvelle Ville, il y a une *Gemme*, c'est-à-dire une Mosquée, qui n'est bâtie qu'à moitié, & qui auroit été fort vaste, à en juger par la quantité de piliers qui y sont. Cette *Gemme*, qui est sur le bord de la riviere, a une Tour quarrée très-élevée, & au haut de laquelle un homme à cheval pourroit monter aisément par dedans. Cette Tour, nommée Hassan, sert de phare pour donner connoissance de la terre à ceux qui navigent. Proche de cette Tour il y a une espece de bassin que la riviere forme, & où les Maures bâtissent leurs Vaisseaux & les y font hyverner; à un quart de lieuë de cette *Gemme*, il y a une petite montagne sur laquelle se trouve un Bourg nommé Chella, qui est entouré de murs & dans lequel il n'est permis ni à Chrétien ni à Juif d'entrer sous peine de la vie, ou à condition de changer de Religion, & cela parce qu'il y a des tombeaux de plusieurs grands saints de la loy de Mahomet; ce Bourg pour cette raison est un lieu de refuge, où on va se mettre à couvert des poursuites de la Justice; cette petite montagne est accompagnée de plusieurs autres, sur lesquelles on tient qu'il y a eu une Ville très-considerable du tems des Romains; en effet quand il a plû beaucoup, on trouve dans les vallons, où l'eau a passé, des médailles fort anciennes, que les Maures vendent aux Chrétiens; & même quelque tems avant notre arrivée, on avoit trouvé, en creusant la terre, deux grandes statues de marbre vêtues à la Romaine; elles furent portées à Miquenez, & le Roy de Maroc, qui ne voulut pas permettre au sieur Perillié de les acheter, les donna à son Juif Abraham Meïmoran, qui les condamna à être enfermées entre quatre murailles, parce que les statues & figures d'hommes & d'animaux sont également en horreur chez les Juifs & les Mahometans.

Les habitans tant de Salé que des autres Villes des Royaumes de Fez & des Algarves sont blancs & bien faits, je veux dire les naturels du païs, parce qu'il y a beaucoup de Noirs, qui sont

C iiij

étrangers, & de Moulattes, qui sont nez d'un blanc & d'une noire. La mauvaise éducation qu'on leur donne pendant leur jeunesse les rend si peu polis, qu'on peut dire qu'ils n'ont que la figure d'homme. Lorsqu'ils entrent dans la maison d'un Marchand Chrétien, sans avoir d'affaire avec luy, ils s'asseoient d'abord sans dire bonjour, & s'ils ne trouvent point de siege ils demeurent debout appuïez contre la muraille, regardant, sans rien dire, tout ce qui se fait; & quand on leur demande ce qu'ils souhaitent, ils répondent qu'ils ne souhaitent rien, & qu'ils ne sont venus que pour voir; leur curiosité satisfaite, ils sortent de la maison de la même maniere qu'ils y sont entrez. Quand on entend frapper à la porte, on distingue si c'est un Chrétien ou un Maure; le Chrétien frappe à la mode de son païs, mais le Maure frape trente fois de suite & avec une précipitation extraordinaire; ce n'est pas que les Maures n'ayent naturelle ment beaucoup d'esprit, mais il est mal cultivé, & ils ne s'en servent que pour amasser de l'argent qu'ils enterrent, dans l'esperance que la loy de Mahomet leur donne, qu'ils en jouiront après leur mort. Ce qu'ils ont de bon, c'est un grand respect pour le nom de Dieu. Le sieur Fabron m'en fit faire un jour une experience qui me surprit; il déchira en petits morceaux un papier écrit des deux côtez, & les jetta dans la ruë; il me fit attendre quelque tems, & le premier Maure qui passa, voyant ces morceaux de papier, eut la patience de les ramasser, sans en laisser un, & ensuite les mit tous dans un trou de muraille; & cela dans la crainte qu'il n'y eût sur ces morceaux de papier, des lettres qui pussent exprimer le nom de Dieu, & que ce saint Nom ne fût profané par les passans. Bel exemple pour les Chrétiens, qui renient si souvent un nom si terrible; aussi dans la langue Arabe, il n'y a point d'expressions qui blessent tant soit peu le respect pour le nom de Dieu, quoy qu'il y en ait beaucoup contre ses creatures, entr'autres ces imprécations, que j'ay entendu souvent prononcer; sçavoir, *Alla harque quebouc*, c'est-à-dire, Dieu brûle ton pere & ta mere; imprécations que les Maures font également contre les hommes & les animaux, quand ils sont en colere. On sçait le respect que les Mahometans ont pour leurs temples, & je diray seulement à ce sujet que c'est un crime puni de mort que de faire de l'eau auprès des murs en dehors.

Le Mercredy 5. nous allâmes rendre visite au Gouverneur, & nous fîmes porter avec nous quatre pieces de toile de Bretagne & deux étuis d'argent damasquinez, dont l'un étoit fourni d'un couteau & l'autre d'une paire de cizeaux; car en ce païs-là il faut être toujours precedé par un present. Nous fûmes reçûs à la porte de la maison par ses Gardes, qui nous firent mon-

ter par un petit escalier dérobé, &
ensuite nous entrâmes dans une petite
chambre qui étoit au dessus de la porte, & où nous trouvâmes ce Gouverneur couché sur son lit ; cette
chambre étoit le lieu où il recevoit les
visites, car il faut sçavoir que dans les
maisons des gros Seigneurs, il y a
toujours un endroit separé pour y recevoir les parens & les amis, n'étant
pas permis aux hommes d'entrer dans
les appartemens où sont les femmes ;
& à peine une frere peut-il voir sa sœur
quand elle est mariée ; la visite fut
courte, & le petit present fut en partie le sujet de la conversation. Je diray en passant en quoy consiste l'emmeublement des Maures ; une grande
nate de jonc très-bien travaillée, &
peinte avec des fleurs & des compartimens qui couvre entierement le
plancher ; d'autres nates de même qui
sont à l'entour des murailles à cinq
pieds de hauteur, & une estrade de
bois d'un pied de haut où est un lit

composé de matelats, draps & d'une couverture, le tout sans rideaux; voilà toute l'affaire. Il n'y a ni sieges, ni tapisseries, & encore moins de tableaux, mais les murs sont bien blanchis. Quand on entre dans l'appartement on laisse les babouches à la porte, & quand on en sort on les reprend; ces appartemens consistent en plusieurs sales ou chambres, qui reçoivent par la porte la lumiere de la cour qui est au milieu, & qui est quarrée. Nous rendîmes après nos visites aux Marchands Chrétiens qui nous firent toutes les honnêtetez imaginables, & qui dans la suite n'épargnérent rien pour nous rendre agréable le séjour de Salé, & pour nous faire quasi croire que cette Ville n'étoit pas en Barbarie, mais en Europe. Les habitans même, tout barbares qu'ils sont, nous laissoient passer librement dans les ruës sans nous insulter; les uns avoient peur d'attirer sur eux la colere du Roy, s'ils faisoient des insultes à des Religieux qui étoient sous sa protection ; les autres étoient bien aises de nous voir, dans l'esperance que leurs parens & amis esclaves sur les galeres de France, obtiendroient leur liberté par échange avec les Esclaves François ; & enfin tous à cause de la ressemblance de la couleur de l'habit : en effet les Maures sont habillez de blanc par dessus leur veste sans manches, & leur grande culote à l'Espagnole, qui leur vient jusques à la moitié des jambes, & qu'ils portent de la couleur qu'il leur plaist, excepté le verd qui n'est permis qu'aux Cherifs, c'est à dire aux parens de Mahomet ; ils ont une grande piece de drap blanc sans croisée, qui se fait dans le païs ; cette piece nommée *haïque*, est beaucoup plus longue que large, ils s'en font plusieurs tours par le corps & sur les épaules ; mais il n'est permis qu'aux Cherifs, aux gens de loy & à ceux qui font profession de sainteté, de se la mettre encore sur la teste. En tems de pluye & en hyver ils portent pardessus cette *haïque* une espece de chape blanche faite pareillement de laine; cette chape nommée *selhem* ou *bernoux*, a au bas une frange de laine, & au haut un capuçon à la Chartreuse, au bout duquel il y a une toupe qui pend jusques au milieu du dos. Quand ils vont en campagne, ils portent une espece de casaque avec manches & un capuçon au haut, qui leur sert bien quand il pleut. Les manches de leurs chemises sont fort larges, & cela afin de pouvoir les relever & les attacher à leur veste; par ce moyen ils ont les bras nuds, & prennent le frais pendant les chaleurs. Les femmes Mauresques sont aussi habillées de blanc quand elles sortent le Vendredy, qui est le jour de Dimanche, pour aller aux Cimetieres faire leurs prieres pour les morts, ne leur étant pas permis d'entrer dans les *Gemmes*; elles sortent donc couvertes depuis la tête jusques aux pieds d'un grand voile blanc fait de laine, & elles n'ont qu'un œil à découvert, pour s'en servir à se conduire.

Le Conful pour la nation Hollandoife, qui étoit Juif de Religion, & né en Hollande, vint nous rendre visite, & nous faire offre de service; nous nous trouvâmes par conféquent dans une obligation de bienféance d'aller au vieux Salé où il demeuroit, pour luy payer fa vifite, de même qu'à un autre Juif nommé Salomon & né en Portugal, qui étoit auffi venu nous voir. Nous menâmes avec nous un Noir, foldat du Château, pour être plus en fûreté; ce fut une précaution que les Marchands François nous confeillerent de prendre, & qu'ils prennent eux-mêmes quand ils fortent dehors, foit pour aller à la chaffe, foit pour aller fe divertir fur la riviere; ce Noir étoit ordinairement celuy qui les accompagnoit, & ils luy avoient donné le nom de Matthieu; avec cette efcorte ils alloient, fans rien craindre, jufques à trois ou quatre lieuës de la

Ville. En passant sur la riviere nou[s] apperçûmes un Vaisseau Corsaire de Salé, qui entroit dans le Port à toute[s] voiles & qui vint échouer sur le sable[,] cela nous donna de la joye, dans l[a] croyance que ce Vaisseau échoué n[e] pourroit plus servir à faire la cours[e] contre les Chrétiens pour les faire e[s]claves; mais notre joye ne fut pas d[e] longue durée, parce que retournan[t] de notre visite, nous vîmes plus d[e] deux cens hommes tant Maures qu[e] Juifs, qui venoient de le desagréer[,] & qui après l'avoir entierement déchargé, l'avoient mis à flot en peu d[e] tems. Ces deux Juifs nous reçûren[t] avec beaucoup de cordialité, & il[s] nous presentérent la colation que nou[s] acceptâmes, non-seulement pou[r] correspondre à leurs honnêtetez, mai[s] encore plus pour leur faire connoître leur superstition. Et de fait, quand ces Juifs vinrent nous rendre visite, ils ne voulurent rien prendre de ce que nous leur présentâmes, parce que
c'e[st]

c'est un peché contre la loy, que de manger de ce qui a été accommodé par d'autres que par ceux de leur Religion, comme si la Religion consistoit dans ces ceremonies exterieures: *Ce qui entre dans la bouche*, dît autrefois Jesus-Christ à leurs ancêtres, *ce n'est pas ce qui soüille l'homme, mais ce qui le soüille, c'est ce qui sort de la bouche*. *Non quod intrat in os, coinquinat hominem, sed quod procedit ex ore, hoc coinquinat hominem.*

Il y a des Juifs dans toutes les bonnes Villes des Etats du Roy de Maroc, & ce sont eux qui font tout le commerce; un Maure ne fait point d'achat de marchandises étrangeres, qu'il n'ait un Juif avec luy, & les Marchands Chrétiens n'ont point d'autres courtiers que ceux de cette nation; c'est pour cela qu'il ne se fait aucun commerce le Samedy, parce que les Juifs observent ce jour-là avec la derniere exactitude; ils s'attachent sur tout à tromper & Chrétiens & Maures, pré-

D

tendant en cela faire une action agreable à Dieu, & encore avec toute leur industrie, ils ont bien de la peine à vivre, parce qu'ils sont tellement accablez d'impôts, que la plûpart du tems ils ne peuvent pas y suffire. Je me souviens que le Pere Busnot ayant acheté à Salé une *haïque* pour ses besoins, fit couper une culote par un tailleur Juif; nous étions plusieurs presens & attentifs pour l'empêcher de voler, mais toutes nos attentions furent inutiles; comme il tailloit à plein drap, il coupa deux culotes sans que nous pussions nous en appercevoir, & il se vanta ensuite d'en avoir coupé une pour le Pere & l'autre pour luy. Et de fait, nous mesurâmes après le restant de la *haïque*, & nous vîmes bien qu'il avoit fait le coup. Les Maures méprisent encore plus les Juifs qu'ils ne font les Chrétiens, & quand un Juif va dans les ruës, il a toujours l'œil au guet pour prendre garde si on ne vient point pour le maltraiter, & en ce cas pour invoquer le visage de Mouley Ismaël; cette invocation faite à tems opere des miracles, parce que les Maures craignent tellement leur Roy, que la seule prononciation de son nom les empêche de frapper, & leur bras levé perd toute sa force & devient, pour ainsi dire, immobile; cela cependant ne leur reussit que lorsqu'il y a des témoins: car on ne laisse pas de les bien battre quand on n'a rien à craindre. Les Juifs sont habillez de noir, de brun ou de violet, & il leur est défendu de porter un habit blanc; quand ils sortent en Ville ils ont une espece de robe sans manches, à peu près comme celle des bedeaux de Paroisse; cette robe leur sert de manteau, & ils la mettent par-dessus leur camisole & leur grande culote à l'Espagnole, qui va jusques à la moitié des jambes; leur bonnet est ordinairement noir avec un petit bouton au haut, il est different de celuy des Maures, qui est rouge, sans bouton

& plus élevé. Ceux qui font nez dans les païs étrangers portent l'habit à la Chrétienne, & il leur est libre de se retirer quand ils le veulent ; mais ceux qui ont pris naissance dans le païs, n'en peuvent sortir que par permission du Roy. Quand ils passent par devant une *Gemme*, ils sont obligez d'ôter leurs babouches, & s'ils y manquoient, les coups de bâtons ne leur manqueroient pas. Un de nous marchant tout seul dans les ruës avec un manteau noir à cause du mauvais tems, & passant par devant une de ces *Gemmes*, un Maure qui le prit pour un Juif, & qui ne le voyoit pas se mettre en disposition d'ôter ses souliers, vint à luy tout en colere pour le maltraiter ; mais ayant reconnu qu'il se trompoit, il se retira sans rien dire. Les femmes Juïves sont à peu près habillées comme les Mauresques quand elles vont en Ville, & on ne les distingue que parce qu'elles ont les deux yeux découverts, les autres n'en ayant qu'un ; celles qui sont nées dans les païs étrangers, font habillées à la Chrétienne, & marchent dans les rues le visage à découvert. Il n'est pas permis aux Juifs de se servir de monture quand ils vont en Ville, & il n'y a qu'Abraham Meïmoran le Juif du Roy, qui ait ce privilege, & encore n'ose-t'il s'en servir crainte d'être maltraité faute d'être connu. Quand ils vont en campagne ils peuvent se servir de mules ou de mulets, mais il leur est défendu d'avoir des chevaux. A notre second Voyage à Miquenez en 1708. un Marchand François qui venoit avec nous, & qui étoit monté sur une cavale, l'ayant changée avec la mule d'un Juif, qui étoit aussi de compagnie, deux Maures voyant ce Juif monté sur la cavale vinrent à luy tout en furie, & ils l'auroient mis en pieces si on ne les en avoit pas empêché, disant pour leurs raisons qu'un chien de Juif ne meritoit pas de monter sur un cheval.

La Permission du Roy de Maroc

étant arrivée, nous nous disposâmes à partir pour Miquenez; mais les pluyes nous retardérent un peu, parce qu'il est impossible de voyager dans ce tems-là en Barbarie, à cause que les rivieres & les torrents enflez par ces pluyes ne sont point gueables, & qu'il n'y a ni ponts, ni chauffées, ni barques pour les passer. Enfin le tems s'étant remis au beau nous partîmes de Salé le Dimanche 16. sur les deux heures après midy; les Marchands François nous fournirent de tout ce qui étoit necessaire pour le chemin. Quand on voyage en Barbarie il faut porter avec soy pain, vin, viande, un lit & une tante pour camper, à moins qu'on ne veuille quasi mourir de faim & coucher à la belle étoile; la seule commodité publique qui se trouve dans les Etats du Roy de Maroc, consiste en des chevaux, mules, mulets & chameaux; on n'y connoît ni coches, ni carosses, ni chaises, ni litieres, & il n'y a que le Roy & ses femmes qui aillent en carosse, & encore sont-ce des presens qui luy ont été faits par des Princes Chrétiens. Nous ne pûmes faire ce jour-là que deux lieuës, & nous campâmes dans un endroit fort agreable. Le Lundy 17. nous fimes huit lieuës; le matin nous passâmes par la forest de la Mahamore, nommée Gaba, dangereuse par le grand nombre de lions & de tigres qui s'y trouvent, & après avoir dîné auprès d'un ancien Château abandonné, nommé Finzara, & au coin duquel il y a une Tour fort élevée du côté du chemin, nous allâmes coucher auprès d'un petit *Adoüar* nommé Brila, & éloigné du grand chemin d'un quart de lieuë. Un *Adoüar* est une espece de village, dont les maisons sont de toiles; ces maisons sont de pauvres tentes entierement ouvertes par devant & fermées par derriere d'épines & de paille. Chaque famille a sa tente où le mary, la femme, les enfans & les animaux couchent pêle-mêle. Ces sortes de

villages sont pour l'ordinaire ambulans; parceque comme les terres de la campagne n'appartiennent à personne en particulier, & qu'il est permis à qui veut de les cultiver en payant la dîme au Roy, c'est pour cela que les Arabes, qui sont les habitans de tous les *Adoüars* de Barbarie, ne demeurent dans un endroit que le tems qu'il faut pour semer leur grain, pour le recueillir & pour faire consommer le fourage par leurs animaux; cela fait ils plient bagage & ils vont dans un autre endroit pour faire la même chose, mais toujours avec cette précaution qu'ils se mettent loin des grands chemins, afin d'éviter la persecution des soldats, qui n'étant point payez par le Roy vivent aux dépens des *Adoüars* qu'ils rencontrent dans leur chemin. Le Garde que le Gouverneur de Salé nous avoit donné pour escorte donna ordre au *Checq* (c'est le nom de ceux qui commandent dans les *Adoüars*) de faire poster cinq à six hommes autour de notre tente
pour

pour servir de sentinelles, & pendant toute la nuit ils crioient de tems en tems assez fortement pour ne se faire que trop entendre, & pour donner à connoître par là qu'ils ne dormoient pas.

On sera peut-être surpris d'apprendre qu'un seul garde pût suffire pour notre escorte; mais on sçaura que le Roy de Maroc a mis dans ses Etats un tel ordre pour la sûreté des chemins, qu'on y peut porter à découvert tout ce qu'on a, sans craindre d'être volé. La Justice de ce Prince contre les voleurs est si rigoureuse qu'il n'y a aucun pardon pour eux; il n'est pas même permis de ramasser ce qui a été perdu par les chemins, quoy qu'on ait dessein de faire ses diligences pour le rendre à son maître. Un homme ayant trouvé une chose perduë & étant arrivé à Miquenez, fit publier par la Ville que celuy à qui elle appartenoit eût à la venir reclamer, & qu'elle luy seroit renduë. Le Roy l'ayant sçu, fit

E

citer cet homme devant luy; Tu ne me
,, rite pas la mort, luy dit ce Prince
,, parce que je vois bien que tu n'es pas
,, un voleur; mais voulant que tous mes
,, sujets sçachent que mon intention est
,, qu'on laisse les choses au même en-
,, droit où elles ont été perduës, afin
,, que le maître vienne luy-même les
,, chercher, tu leur serviras d'exemple:
sur le champ & sans autre forme de procès il luy fit donner un bon nombre de
coups de bâton. Le Mardy 18. nous fîmes une journée de douze lieuës, afin
de pouvoir coucher dans un *Adoüar*
nommé Beth, à cause de la riviere qui
porte ce nom & qui en est tout proche. Cet *Adoüar* est en meilleur ordre
que les autres; sa forme est en quarré
& il est fermé de bonnes hayes, n'ayant
qu'une porte qui s'ouvre tous les matins pour en laisser sortir le bétail, &
qui se ferme tous les soirs pour en empêcher l'entrée aux lions & aux tigres
qui viennent la nuit boire à la riviere.
Il est fixe de même que tous les autres

Adoüars qui sont sur le chemin de Salé à Miquenez pour la commodité de ceux qui vont en Cour; c'est aussi pour cette consideration que le Roy les exempte d'impôts. Notre garde fit encore porter cinq ou six sentinelles auprès de notre tente, & elles ne firent pas moins de bruit que les autres. Le Mercredy 19. après avoir fait trois bonnes lieuës nous allâmes dîner proche un petit *Adoüar*, nommé Ay de Lourma, dans une espece de grande caserne quarrée, que les Chrétiens ont bâtie pour la commodité de ceux qui sont destinez à couper le bois dans la forêt voisine pour la maison du Roy, & pour y retirer les mulets & les ânes qui servent à porter ce bois de la forêt à la caserne, & de là à Miquenez; nous y trouvâmes plusieurs Esclaves Espagnols, qui nous reçûrent avec joye & le mieux qu'il leur fut possible. De cet endroit distant de Miquenez de trois lieuës, nous depêchâmes un Maure pour informer le sieur Perillié de notre arrivée, & nous luy donnâmes une mule afin qu'il fist plus de diligence.

En attendant la réponse, il faut parler de la beauté & de la bonté du païs; le beau tems ayant succedé aux pluyes, & l'Hyver en ce païs-là étant comme le Printems en France, la campagne nous parut très-belle; la verdure & les fleurs dont elle étoit parée, nous donnérent occasion de louer le Createur du Ciel & de la terre, & de luy rendre des actions de graces de tant de faveurs, dont il a comblé ses creatures; mais en même tems nous ne pûmes nous empêcher de murmurer contre les Maures, de ce qu'ils laissoient un si beau païs inculte & desert: en effet depuis Salé jusques à Miquenez, on peut dire que ce n'est qu'une campagne perpetuelle entrecoupée de vallons & de collines agréables; ces vallons qui sont rafraîchis par des petits ruisseaux, par trois rivieres & quantité de sources, rapporteroient quantité de bled & d'autres grains, & des collines produiroient le plus beau vignoble du monde; on pourroit encore y planter beaucoup d'arbres fruitiers qui donneroient d'excellens fruis. Cependant cette campagne, qui seroit remplie de toutes sortes de biens si elle étoit cultivée, est presque abandonnée & infructueuse. Il faut porter le même jugement de toutes les campagnes des autres païs des Etats du Roy de Maroc; il est vray que la connoissance des manieres dont les peuples ont été & sont encore gouvernez, nous ayant dans la suite fait faire deux reflexions, fit aussi cesser nos murmures. La premiere reflexion fut sur la cruauté avec laquelle Mouley Archy, cy-devant Roy de Maroc les a traitez, & Mouley Ismaël son frere les traite à present; en effet le premier, qui a réüni par ses conquêtes cinq Royaumes sous une même domination, voulant se maintenir dans son usurpation, a gouverné ses nouveaux Sujets avec tant de barbarie, qu'il les a contraints pour la plûpart, de quitter les plaines & de se retirer dans les montagnes pour y vivre plus en repos. Le second ne les gouverne pas avec plus de douceur: un Esclave Chrétien ayant entrepris d'écrire l'histoire de ce Prince, a été tellement touché de tous les massacres qu'il a fait par luy-même de ses Sujets, & qu'il fait faire en sa presence, qu'il n'a pas eu le courage de la continuer, & la reflexion qu'il a faite d'un autre côté que ces massacres ne finiroient qu'à la mort de ce Roy barbare, a pareillement contribué à luy faire tomber la plume de la main: en cela il a eu raison, parce qu'on n'auroit peut-être jamais voulu ajoûter foy à son histoire & qu'il se seroit mis en danger de passer pour un imposteur. La seconde reflexion fut sur la défense rigoureuse que le Roy de Maroc a faite, sous peine de la vie, de sortir des bleds du Royaume pour les vendre aux Chrétiens, prétendant que c'est contre la loy de Mahomet. Ce Prince est si ferme là-dessus, que tout amateur de presens qu'il est, il en refusa un de cinquante mille écus, qu'un Marchand Espagnol luy offrit, s'il vouloit luy permettre le transport des bleds pour en fournir l'Espagne, qui en avoit pour lors besoin. Il y a quelques années qu'un Marchand François, nommé le sieur Jean-Baptiste Brouillet, que nous avons vû à Salé, ayant fait embarquer pour Cadiz des féves & du ris avec la permission du Gouverneur, fut accusé devant le Roy de Maroc d'avoir voulu faire sortir des bleds, & si ce Prince qui vouloit le faire mourir, luy accorda sa grace, ce ne fut qu'après l'avoir dépouillé de tous ses biens, & par là l'avoir obligé de se retirer en Espagne. Les Anglois même, quoyqu'ils soient ses bons amis, n'ont jamais pû obtenir la permission de faire sortir ni bled ni farine pour leur garnison de Gibraltar, quoy-qu'ils eussent celles d'acheter des bœufs, des vaches, des moutons & de la volaille. Cette défense est donc cause que les Maures ne sement du bled que pour vivre & en fournir leur propre païs. J'ajoute à cela qu'il y a du danger d'être trop riche, & même de passer pour tel, & c'est ce qui arriveroit si on entreprenoit un gros commerce. Un homme accusé auprès du Roy de Maroc d'avoir amassé beaucoup de richesses, ce Prince le taxa à une somme considerable, luy fit arracher toutes les dents & le fit ensuite mettre en prison jusques à ce qu'il eût encore payé une autre somme à laquelle il avoit été taxé une seconde fois.

CHAPITRE III.

COUSCOUSSOU, le grand regal des Maures, maniere de l'accommoder & de le manger. Arrivée à Miquenez. Presens pour le Roy de Maroc. Miserable état des Esclaves François. Description de la Ville de Miquenez. Petits Gardes du Roy de Maroc. Audience favorable donnée par ce Prince aux Peres Députez. Ils sont nourris aux dépens du Roy de Maroc. Maniere de construire les murailles dans le païs. Passion de ce Prince pour les Bâtimens. Sa cruauté à l'égard des Esclaves Chrétiens.

COMME on demeura longtems dans la Caserne, tant pour se reposer un peu de la fatigue du jour precedent, que pour donner le tems à notre courier de faire sa commission; cela donna lieu aux Maures, qui étoient avec nous, de se regaler en mangeant du *couscoussou*. Ce *couscoussou* est une espece de graine faite de pâte de farine, & cette graine étant seche se peut transporter par tout. Ils firent donc cuire plusieurs morceaux de mouton dans un grand pot de terre, dont le ventre étoit fort large & l'entrée assez étroite; sur cette entrée ils mirent leur *Couscoussou*, qui étoit dans un plat de terre, afin que la fumée qui sortoit de ce grand pot pût le cuire; tout étant prest, ils jettérent la viande & le *couscoussou* dans une grande terrine, & sans avoir besoin de table, ni de nape, ni de serviettes, ni de couteaux, ni de cuillieres, ni de fourchettes, ils s'asseoirent en forme de cercle sur la terre, à peu près comme nos Tailleurs en France. Un chacun d'eux avoit lavé la main & le bras droit jusqu'au coude, & cela suffisoit, parce que selon leur loy il n'est pas permis en mangeant de se servir de la main gauche. Après avoir dit ces paroles : *Mismellay*, c'est-à-dire, au nom de Dieu, ils commencérent à manger, & prenant à pleine main le *coufcouffou*, ils en formoient une petite boule, & l'ayant fait fauter en l'air plufieurs fois pour la mieux former, ils la mangeoient, & rejettoient enfuite dans la terrine ce qui en avoit refté à leurs doigts en les effuyant fur le bord. Quand ils prenoient un morceau de viande ils ne le quittoient point qu'ils ne l'euffent mangé entierement, ou pour mieux dire, qu'ils ne l'euffent devoré à pleines dents. Le repas fini fans boire, la main & le bras lavez en difant, *lehem Dililla*, c'eft-à-dire, graces à Dieu, chacun alla boire un grand pot d'eau pour aider à la digeftion du dîner. Ils eurent pour des Mahometans plus de courtoifie que leur loy ne permettoit ; car ils nous invitérent de manger avec eux : mais cette maniere de manger fi fale & fi contraire à celle de France, ne nous donna pas grande envie de correfpondre à leur civilité, & pour accepter un tel party il auroit fallu avoir fait une abftinence de huit jours. Le

Roy & les grands Seigneurs mangent leur *couscoussou* à peu-près de la même maniere: la difference qu'il peut y avoir, c'est qu'ils le font mettre avec des poules & des pigeons, qui sont meilleurs qu'en France, sur tout les derniers qui ont un goût exquis. La vaisselle de terre est aussi plus propre: je dis vaisselle de terre, parce qu'il n'est pas permis, selon la loy, à qui que ce soit, & au Roy même, de se servir de vaisselle d'or ou d'argent; la vaisselle d'étain est aussi inconnue dans le païs. Enfin ils mangent sur des peaux peintes ou dorées faites en rond, & qui s'étendent contre terre sur quelques nates de jonc bien travaillées, où ils s'asseoient avec leurs plus familiers, lorsqu'ils les invitent à manger avec eux, après que chacun a ôté ses babouches & lavé le bras droit jusqu'au coude dans un bassin de cuivre jaune. Comme le *couscoussou* est accommodé avec des pièces entieres, un d'eux en prend une, & la presentant à l'autre, chacun tire de son côté pour la mettre en morceaux & la pouvoir manger plus facilement ; mais quand ils mangent seuls, ils mordent dedans, comme les petits enfans en France dans un morceau de pain. Après le *couscoussou* on leur sert dans un grand bassin de cuivre quelques écuelles de pourcelaine, ou de terre vernie, dont les unes sont remplies de viandes fricassées avec du miel & des amandes, & les autres de viandes rôties sur le gril ou frites dans l'huile ; & pour le dessert on apporte des confitures faites à la maniere du païs. Ils n'ont point de lieu ordinaire pour manger, & le plus souvent c'est dans l'écurie pour avoir le plaisir de voir leurs chevaux en mangeant. Le Roy se fait servir par des femmes quand il mange dans son Palais. A notre second Voyage de 1708. Abraham Meïmoran, auprès de la maison duquel nous étions logez à Miquenez, nous envoya un plat de *couscoussou* accommodé avec des poules & du saffran ; nous le mangeâmes avec des cuillieres & des fourchettes d'argent, parce que les Juifs en peuvent user ; mais je ne trouvay pas ce mets à mon goût, peut-être parce que je n'y étois pas accoutumé ; cependant c'est le grand regal pour les gens du païs.

Enfin après un repos de quatre à cinq heures, nous partîmes pour nous rendre à Miquenez, & nous n'eûmes pas fait une lieuë que nous apperçûmes cette Ville Royale, qui se fait voir de loin, tant par ses tours fort élevées, que par de grandes & hautes murailles blanches bâties par les Esclaves Chrétiens. Nous rencontrâmes en chemin notre courier, qui nous apportoit la réponse du sieur Perillié, par laquelle il nous marquoit qu'Abdalla Ben Aïcha & Cidi Achmet el Andalousi devoient venir au devant de nous, pour nous recevoir de la part du Roy. Nous continuâmes notre chemin jusques à une petite riviere appellée *Darsultana*, où nous trouvâmes deux Peres Recolets Espagnols du Convent & Hôpital que le Roy d'Espagne a fait bâtir à Miquenez, & que sa Majesté Catholique a fondé & entretient pour l'assistance spirituelle & corporelle de ses sujets Esclaves. Ces Peres étoient venus de la part du Reverend Pere Gardien pour nous complimenter, & nous apporter quelques rafraîchissemens; nous nous arrêtâmes en ce lieu auprès d'une fontaine qui porte le même nom, & dont l'eau, qui est très-bonne, va se rendre dans cette riviere; nous y attendîmes ces deux Ministres du Roy, qui l'avoient assigné pour l'entrevûë, mais le jour s'avançant, nous reprîmes notre chemin & nous rencontrâmes le sieur Perillié, qui venoit au-devant de nous, & qui nous apprit que les deux Ministres avoient changé de dessein, & ne devoient nous recevoir qu'à l'entrée de la Ville; En effet après avoir passé entre deux longues & hautes murailles, nous les trouvâmes à la porte, & nous reçûmes là le compliment de la part du Roy sur notre heureuse arrivée. Comme il étoit presque nuit, cette ceremonie ne fut pas longue, & après les avoir priez de remercier de notre part ce Prince de toutes ses bontez, nous les quittâmes pour nous rendre au plûtôt au quartier des Juifs, où notre logement étoit preparé dans la maison d'un Esclave François natif de Toulouse & nommé Honoré Boué. Cet Esclave étant Orfevre de la principale Reyne, avoit fait bâtir cette maison par permission du Roy, & afin d'avoir plus de liberté il avoit choisi ce quartier, qui est fermé de tous côtez, & où on n'entre que par une grande porte gardée par des Maures nommez par le Roy, & par un bon nombre de gros chiens, qui servent de sentinelles pendant la nuit. Dans toutes les Villes des Etats du Roy de Maroc, il n'y a point d'hôtellerie pour y loger les passans, il y a seulement des cours faites en forme de Cloître, qu'ils appellent *fondaques* : les hommes & les animaux logent sous les arcades, il n'y a ni auges ni rateliers, parce que les Maures veulent que leurs chevaux & les autres montures mangent à terre comme eux-mêmes ; il n'y en a pas non plus dans l'écurie du Roy. Le jour ils vont en Ville chercher leur nourriture, & celle de leurs bêtes, & la nuit ils couchent à terre auprès d'elles ; ils en sont quittes pour donner quelque chose à celuy qui a soin du fondaque.

Le lendemain Jeudy 20. les deux Ministres vinrent de grand matin, tant pour nous rendre visite de la part du Roy, que pour voir les presents que nous apportions pour ce Prince. Pour les mieux examiner, ils amenérent avec eux Abraham Meïmoran le Juif du Roy & le Checq de tous les Juifs qui demeurent dans les Etats de ce Prince ; ils les trouverent fort beaux & dignes d'être donnez au Roy. Ces

E

présents consistoient en trois pieces de drap, dont l'une étoit d'écarlate, l'autre de couleur pourpre, & la troisiéme de verd perroquet, en deux pieces de toile d'or, en huit pieces de très-belle toile de Cambray, en un bon nombre de pieces de toile fine de Bretagne, & en douze étuis damasquinez d'argent & de vermeil, dont six étoient garnis de cizeaux & six de couteaux; outre cela il y avoit une piece de drap écarlate pour ces deux Ministres, & qu'ils partagérent entre eux, de même qu'une caisse de confitures seches destinées pour le Roy, parce qu'à leur dire, ce present ne luy auroit pas plû. Ces cinq pieces de drap & de toile d'or étoient couvertes chacune d'une envelope de taffetas verd brodée d'un galon d'or, & pardessus il y avoit encore à chacune une autre envelope sur laquelle étoient les Armes de France, comme ayant été achetées à la Manufacture de Carcassone. Nous fumes obligez ce jour-là de garder la maison, pour obéïr à la coûtume du païs, qui ne permet pas aux Etrangers de sortir avant que d'avoir eu audience du Roy. La journée fut employée à recevoir la visite des pauvres Esclaves François, qui eurent la permission de nous venir voir. Nous nous imaginâmes être dans les siecles des Empereurs Idolâtres, & dans lesquels les anciens Chrétiens étoient condamnez aux mines & aux travaux publics; en effet les uns étoient tout noirs & pleins de charbon, comme étant destinez à faire la poudre à canon; les autres étoient au contraire tout blancs & pleins de chaux, comme étant occupez aux bâtimens que le Roy de Maroc fait faire continuellement; ceux-cy étoient haves & moribonds, comme étant condamnez aux fours à chaux, où ils travaillent jour & nuit sans avoir que deux ou trois nuits par mois pour se reposer, & ceux-là avoient l'esprit à moitié égaré, comme étant employez dans la Maison du

F ij

Roy, où ils sont dans un danger continuel d'être massacrez par ce Prince barbare ; enfin ils étoient tous dans un état pitoyable. Comme chacun n'avoit eu de permission que pour une heure de tems, ils vinrent pour la plûpart avec les instrumens de leur travail, afin de le reprendre par après, & en arrivant ils baisoient la terre pour satisfaire au vœu, qu'ils disoient en avoir fait, quand ils verroient leurs Peres Redempteurs. On laisse au Lecteur à faire luy-même le jugement de l'état où nous nous trouvâmes à un spectacle si digne de compassion, & de ce que nous fimes pour tâcher de les consoler, & pour les exhorter à faire un bon usage de leurs peines & de leurs souffrances. Le Vendredy 21. nous eûmes avis de grand matin que le Roy vouloit nous donner audience, & que ce seroit au retour de sa priere qu'il devoit aller faire sur le midy dans la *Gemme* principale de la Ville, où il va tous les Vendredys, qui sont le ours de Dimanches pour les Mahometans.

Pendant qu'on se prepare pour cette audience, il faut faire un petit plan de la ville de Miquenez. J'ay déja dit que Mouley Archy avoit donné à Mouley Ismael son frere cette Ville pour sa demeure, lequel ayant succedé au premier dans tous ses Etats, en a fait sa Ville Royale. Elle est située dans une grande plaine, & distante de la ville de Fez de treize lieuës; elle n'a des montagnes qu'à trois lieuës du côté du Nord, & ce sont les montagnes de la Province de Serhon, qui sont extrêmement hautes, & qui produisent quantité de rochers de sel, dont les gens du païs font leur provision, sans qu'il leur en coûte autre chose que la peine de l'aller chercher. Mouley Ismaël ayant donc fait de cette Ville sa résidence ordinaire depuis son avenement à la Couronne, tant parce qu'il s'y plaisoit, que parce que l'air y est excellent, a fait bâtir un *Alcassave*, c'est-à-dire un Palais ; & comme il en a été luy-même l'Architecte, on peut juger qu'il n'est pas des plus reguliers, mais aussi doit-on avoüer qu'il est des plus vastes ; aussi l'a-t'il fait construire ainsi pour la commodité de sa famille, qui étant fort nombreuse a besoin de beaucoup de logement. Dans ce Palais il y a une *Gemme*, qui par sa grande tour & par son toit peint en verd fait un assez bel effet. On a bâti une seconde Ville, parce que l'ancienne étoit trop petite pour contenir le grand nombre d'habitans que la demeure ordinaire du Roy y a attiré ; ces deux Villes sont construites comme celle de Salé, & elles ont au milieu le quartier des Juifs, qui est comme une troisiéme Ville. Le Palais du Roy, qui est à l'Orient de ce quartier, paroît comme une quatriéme Ville à cause de son étenduë qui est très-considérable ; il y a de plus hors des deux Villes du côté du couchant un *Adoüar* très-grand, où il n'y a que des familles de

Noirs, chaque famille ayant sa tente semblable à celle des autres *Adoüars*; car il faut sçavoir que dans ce païs-là il suffit d'être à l'abry du Soleil en Eté & à couvert de la pluye en Hyver, par rapport au climat du païs; on peut dire que cet *Adoüar* est comme une cinquiéme Ville par la grande quantité de monde qui y habite.

L'heure de l'audience étant arrivée, nous nous mîmes en chemin avec nos presents portez par douze Esclaves François, & nous avions avec nous le sieur Perillié, Abdalla Ben Aïcha, Cidi Achmet el Andaloufi & Abraham Meïmoran; nous trouvâmes le Roy de Maroc assis sur la terre, qui luy servoit de Thrône, & ayant les jambes croisées; il étoit habillé à la mode du païs & sans autre distinction particuliere que son Turban (ses sujets portant le bonnet rouge) & des bottines pour cacher ses jambes qui sont fort menues. Sa qualité de Cherif, c'est à-

dire de parent de Mahomet, ne luy permet pas de porter des habits magnifiques, & il croiroit pécher contre sa loy, qu'il prétend observer avec plus de pureté & d'exactitude que les autres Princes Mahometans, s'il étoit vêtu superbement. Comme ce Prince étoit assis, nous ne pûmes pas bien distinguer sa taille, mais elle nous parut mediocre; son visage qui étoit en partie caché par son *haïque* est fort bazané & de couleur olivâtre; mais il a des yeux vifs & pleins de feu quoyque vieil, il avoit tant de vigueur qu'on nous a assûré qu'il n'avoit besoin d'aucun avantage pour monter à cheval, & qu'il luy suffisoit de mettre la main sur la croupe. Il est vray que le trop d'embonpoint ne l'embarasse pas, étant d'un temperament sec & ayant le corps fort délié. Il y avoit derriere luy plusieurs *Masagarins*, & un autre proche de luy qui tenoit son parasol; ces *Masagarins* sont des enfans de douze à quinze ans, qui luy
servent

servent de gardes du corps, & dont les meres servent dans le Palais; ils portent une robe de laine blanche avec une ceinture de cuir, ils vont toujours nuë tête, de même que les enfans dans tout le pays jusques à un certain âge, que commençant à mettre le bonnet rouge, ils commencent en même tems à payer la *Garamme*, c'est-à-dire la Taille. Ce Roy n'ose pas confier la garde de sa personne à d'autres plus avancez en âge, crainte qu'il ne leur prenne envie de se vanger sur luy des cruautez qu'il exerce envers ses Sujets; à son côté gauche il y avoit plusieurs Alcaïds ou Gouverneurs rangez en file & assis à terre comme luy; nous vîmes son carrosse qui étoit un peu éloigné; voilà en quoy consistoit toute la magnificence de la Cour de Mouley Ismaël Roy de Maroc. Le lieu de l'audience étoit hors du Palais, parce que c'étoit le tems du jeûne de la Lune de Chaban. Ce Prince, comme descendant de Mahomet par Fâtima

G

fille de ce faux Prophete, jeûne chaque année pendant trois Lunes de suite, sçavoir la Lune d'Urgep, & celle de Chaban pour se preparer à bien passer la Lune de Ramadan, pendant laquelle est le grand jeûne des Mahometans, appellé Ramazan; en cela il est suivi par tous les Cherifs & par tous les devots de la loy; le reste du peuple n'observant que le grand jeûne du Ramazan. Pendant tout le tems que durent ces trois Lunes, le Roy sort de grand matin de son Palais, & il n'y rentre que le soir pour prendre son repas, conformément à l'obligation du jeûne ordonné par Mahomet, qui défend de boire, de manger, & même de fumer pendant tout le jour; ce fut-là la raison pour laquelle nous ne pûmes voir le Palais, c'est-à-dire ce qu'il est permis aux Etrangers d'y voir.

Dès que nous parûmes devant le Roy, nous fimes trois inclinations profondes toujours en avançant, &

nous nous arrêtâmes environ à vingt pas du lieu où ce Prince étoit: il commença à nous souhaiter la bien venuë, & il nous témoigna qu'il avoit d'autant plus de joye de nous voir, qu'il y avoit long-tems qu'il nous attendoit; il nous demanda ensuite si nous étions bien logez, & il nous dit qu'il sçavoit que notre logement étoit dans le quartier des Juifs, que ces gens-là n'étant pas amis des Chrétiens, il donneroit ordre qu'on nous preparât une maison plus commode, si nous le souhaitions; que cependant ce n'étoit pas sa faute, si nous n'étions pas bien logez, puisque nous-mêmes avions choisi la maison où nous étions; il nous déclara en même tems qu'il avoit ordonné à Abraham Meïmoran de nous fournir les vivres dont nous aurions besoin pendant notre sejour dans la Ville, à l'exception du vin qui luy étoit défendu par sa loy, & que nous ne devions pas trouver mauvais que ce fût un Juif qui fit cet office de

G ij

de sa part; mais que ce Juif étant le Pourvoyeur de sa Maison, il n'avoit pû choisir un autre qui y fût plus propre; il fit ensuite l'éloge du Roy Loüis (c'est ainsi qu'il à toujours appellé le Roy défunt de glorieuse & triomphante memoire) il nous assûra qu'il le regardoit comme le plus grand Prince de toute l'Europe, & qu'il avoit une estime toute particuliere de sa personne; après cela il nous fit une petite exhortation. ,,Tous les hommes,
,, nous dit-il, sont freres, puisqu'ils
,, sont tous les enfans d'Adam, & il
,, n'y a que la seule Religion qui les
,, distingue les uns des autres; ainsi
,, comme frere, & en même tems
,, pour obéir au Commandement de
,, ma Loy, je vous avertis charitable-
,, ment, que de toutes les Religions
,, celle de Mahomet est la meilleure &
,, la seule où on puisse se sauver; ce
,, n'est pas que je veüille vous obliger
,, de m'en croire sur ma parole; mais
,, je ne vous donne cet avis que pour

satisfaire à ma propre conscience, &‟ pour être en droit de vous accuser ‟ au grand jour du Jugement univer- ‟ sel de n'avoir pas voulu profiter d'un ‟ avis si bon & si salutaire. ‟ Le Pere Forton au nom de ses Collegues répondit en langue Espagnole à chaque article par le moyen de Cidi Achmet el Andalousi, qui servoit d'Interprete, & qui est, comme on l'a déja dit, un Renegat Espagnol. Au milieu de l'audience il parut à notre main gauche une compagnie de Gardes Noirs du Roy, qui avoient chacun un fusil de six pieds de haut & garni d'argent. Ce Prince leur ayant fait signe de se retirer, ils disparurent dans un instant. Il nous demanda ensuite si nous luy avions amené des chiens ; mais comme on luy eut fait réponse que la guerre nous ayant contraint de venir par l'Espagne, il ne nous auroit pas été possible d'en conduire pendant un si long voyage, & que c'étoit encore pour cette raison que nous n'avions

G iij

pas pû luy apporter des presens dignes de Sa Majesté, à cela il repartit qu'il n'avoit pas besoin de nos presens, & qu'il ne les recevroit que comme une marque de notre estime pour sa personne; enfin il nous dit que le Soleil étoit fort chaud, & qu'ainsi il ne vouloit pas nous retenir davantage, crainte que nous n'en fussions incommodez. Pour lors nous nous retirâmes, en faisant trois inclinations profondes, toujours en reculant, & les *Masagarins* vinrent prendre les presens des mains des douze Esclaves François, pour les porter au Roy. Ce Prince examina le tout l'un après l'autre, & il en fut très-content; sur tout il estima la piece de drap verd perroquet, parce que c'est la couleur des parens de Mahomet; & il commanda sur le champ qu'on luy en fit un habit; il ne pût s'empêcher d'avoüer que depuis qu'il étoit Roy, il n'avoit jamais vû de si beau drap, aussi on avoit fait faire le tout exprès. En regardant les deux pieces de toile d'or, où il y avoit de petites figures; *Cela est beau*, dit-il, *mais, haram*, c'est-à-dire, il y a du peché, à cause que les figures sont défenduës par la loy de Mahomet; cependant il ne luy prit pas envie de nous les renvoyer, mais il en fit present aux principales Reines, de même que des petits étuis d'argent & de vermeil. Pendant toute l'audience les deux Ministres & le Juif du Roy demeurerent nuds pieds, n'étant pas permis de se presenter devant le Roy avec des babouches, mais ils avoient la tête couverte, étant contre la coutume & la bienseance de se la découvrir. Pour nous, nous étions avec nos habits de Religion, nos souliers & le capuçon bas. A la fin de l'audience le Frere Joseph Castet se détacha de nous, pour aller baiser la main au Roy comme à son ancien Maître. Ce Prince ayant appris qu'il avoit été son Esclave, le reçut fort gracieusement, luy donna sa main à baiser, luy demanda comment il se portoit, & luy témoigna la joye qu'il avoit de le voir en bonne santé. Au retour, nous trouvâmes deux Gardes Noirs du Roy, que ce Prince nous avoit envoyez pour demeurer à la porte de notre logis, avec défense de laisser entrer qui que ce fût, même les Princes ses enfans, sans notre permission.

Le Samedy 22. deux Juifs vinrent de grand matin nous amener deux moutons avec plusieurs poules & de la farine, & cela par ordre du Roy. Ce regal, qui fut continué pendant tout le tems que nous restâmes à Miquenez, nous fit beaucoup de plaisir, sur tout la farine, parce qu'elle nous servit pour faire faire du pain à la Chrétienne par un jeune Esclave François qui demeuroit avec nous, ne pouvant pas bien nous accommoder du pain à la Mauresque; & de fait ce pain, qui est de la forme de nos galettes de France, n'est cuit qu'à moitié, & nous aurions perdu notre peine en priant de le faire cuire davantage, parce que les Maures n'auroient pas voulu changer la coutume qu'ils ont de ne faire cuire leur pain qu'à moitié, afin de le rompre plus facilement, la loy leur défendant de se servir de couteau pour le couper. Après dîner, nous sortîmes avec nos Gardes, pour aller coucher au Convent des Peres Recolets Espagnols, & en même tems pour rendre visite au Reverend Pere Gardien, qui nous avoit fait l'honneur de nous venir voir. En chemin faisant il se presenta à nos yeux un spectacle digne de compassion. Nous passâmes auprès des bâtimens que le Roy faisoit faire, & nous vîmes des Maures condamnez aux ouvrages de ce Prince, quand le crime n'a pas merité la mort. Ces malheureux étoient enchaînez un à un par le pied, de maniere cependant que cela ne les empêchoit pas de marcher; ils étoient exposez à toutes les injures de l'air; en Eté aux chaleurs qui sont excessives en ce païs-là,

& en Hyver aux pluyes, qui y sont très-frequentes, sans qu'ils puissent jamais esperer aucun soulagement ; ils n'avoient point d'autre lit que la terre, sur laquelle ils se couchoient la nuit sous le couvert du ciel, pour se délasser du travail de la journée ; & la nourriture qu'on leur donnoit pouvoit à peine suffire pour les empêcher de mourir ; les uns étoient destinez pour preparer la chaux & le sable rouge, qui sont les matereaux dont les Maures se servent pour construire les murailles, & les autres pour commencer le *Tapia*, c'est-à-dire la construction de ces murailles. Cette maniere de construction est toute particuliere ; les Maures ont des especes de table de la longueur & de la largeur necessaires à cet usage ; deux de ces tables jointes ensemble par deux barres de fer ou de bois ont un vuide entre deux conforme à la muraille qu'ils veulent bâtir ; dans ce vuide ils mettent le sable rouge & la chaux mêlez ensemble, &

avec un instrument, qui n'est qu'un gros bâton qui se termine en masse, ils frapent ces deux matereaux en jettant de l'eau dessus de tems en tems, jusques à ce qu'il leur paroisse que le mêlange & l'union en sont parfaites ; de sorte qu'avec plusieurs tables mises de la même maniere, ils élevent une muraille autant qu'ils veulent, & la font de l'épaisseur qu'il leur plaît. Cette maniere de construire est si bonne, & le sable rouge & la chaux s'unissent si bien ensemble, que ces murailles durent plus que si elles étoient de moëlons.

Le Roy de Maroc voulant toujours donner de l'occupation tant aux Maures qui sont condamnez aux ouvrages, qu'aux Esclaves Chrétiens qui y sont pour la plûpart employez, fait abattre d'un côte, lorsqu'on acheve de l'autre, quoyqu'il n'y ait quelquefois que deux années que ce qui fait abattre a été achevé. Il est vray que la passion qu'il a pour les bâtimens, & le plaisir qu'il y prend contribue beaucoup à tous ces changemens. Pour contenter davantage cette passion & pour augmenter ce plaisir il assiste souvent à ces ouvrages ; & même il y fait porter quelquefois son dîner : Malheur aux pauvres Esclaves quand il y est ! car il tuë à coups de fusil ceux qui ne travaillent pas à sa fantaisie. Un Marchand François m'écrivit il y a quelques années, & par sa lettre il me marqua que le Roy étant venu dans un tems où on ne l'attendoit pas, & ayant vû que les Esclaves prenoient un peu de repos, commanda qu'on eût à les précipiter du haut de la muraille en bas. Ce commandement fut executé sur le champ, en sorte que les uns en perdirent la vie, & les autres eurent ou les bras, ou les jambes, ou la tête cassez, & le corps tout froissé. Ces infortunez n'ont pas un jour de repos pendant toute l'année ; il faut qu'ils travaillent sans cesse depuis la pointe du jour jusques à la nuit, & même en mangeant leur pain. Un jour les gardiens qui président aux ouvrages, représentérent au Roy que la pluye incommodoit fort les Esclaves dans leurs travaux, & cela pour tâcher de leur faire avoir quelques journées de repos ; mais ce fut inutilement, parce que ce Prince barbare leur répondit que c'étoit dans ce tems-là qu'on travailloit le mieux. Autrefois il leur permettoit de celebrer les fêtes de Pâques, de Noël, de la Nativité de la sainte Vierge & celle de saint Jean-Baptiste : mais il y a long-tems qu'il leur a ôté cette permission, & même quelquefois il affecte de venir ces jours-là aux travaux ; & quand il ne trouve pas le nombre ordinaire d'Esclaves, ceux qui ont manqué ont tout le tems de se repentir de leur absence. Enfin, pour tout dire en un mot, quand les Esclaves se levent le matin, ils ne peuvent pas dire qu'ils se coucheront le soir.

CHAPITRE IV.

DESCRIPTION du Convent & Hôpital des Peres Recolets Espagnols. Réception cordiale des Religieux à l'égard des Peres Députez. Visite d'un Fils du Roy. Nombre prodigieux des enfans de ce Prince. Demande du Roy de Maroc de trois Maures Esclaves sur les galeres de France, pour un Esclave François. Offre de donner deux Maures pour un François, mais inutilement. Raisons pour lesquelles les Peres Députez n'ont pû donner trois Maures pour un François. Ce qui compose la chiourme des galeres de France. Consideration que le Roy de Maroc a pour les Prêtres & les Religieux qui sont dans l'esclavage, & pour les Esclaves qui ont leurs femmes avec eux. Ce que chaque Esclave a par jour pour vivre. Description du lieu où les Esclaves Chrétiens logent. Raison pour laquelle le Roy de Maroc est le seul

au Royaume de Maroc. 87
Maître de tous les Esclaves Chrétiens. Douze Esclaves François donnez pour les presens. Particularitez des manieres du païs. Politique du Roy de Maroc pour assûrer son Regne.

A NOTRE arrivée au Convent, le Reverend Pere Gardien & tous les Religieux nous reçûrent avec beaucoup de cordialité. Ce Convent est bien bâti & dans une situation avantageuse, ayant la vûë de toute la campagne du côté de l'Orient. Le Roy d'Espagne y entretient huit Religieux, un Medecin, un Chirurgien & un Apoticaire pour avoir soin des Esclaves Espagnols malades. Le Rev. Pere Gardien est Missionnaire Apost. & sert comme d'Evêque & de Curé à l'égard de tous les Esclaves Catholiques, de quelque nation qu'ils soient. L'Eglise est dans une sale en haut, & on y conserve avec toute la décence possible le très-saint Sacrement & les saintes Huiles dans le coin d'une Chapelle; on y monte par un escalier obscur, afin d'en ôter la vûë aux Maures. Il y a deux sales en bas pour les malades, & au bout une Chapelle qui se ferme, & où on dit la Messe tous les jours de grand matin pour leur consolation spirituelle. Cette Chapelle est si bien disposée, que tous peuvent entendre la Messe de leurs lits. Il y a encore à Salé deux Religieux Prêtres du même Ordre, & deux autres à Tetoüan pour desservir les Chapelles qui y sont & pour l'assistance spirituelle des Marchands Catholiques qui y demeurent, & des équipages des Bâtimens qui y viennent commercer; mais ces quatres Religieux Espagnols sont entretenus aux dépens du Commerce. Au second Voyage de 1708. nous chantâmes solemnellement la grande Messe le jour de l'Assomption de la très-sainte Vierge, qui est fête de Patron pour la Chapelle qui est à Salé. Le Dimanche 23. après avoir dit la Messe nous dinâmes avec la Communauté. Pendant

le

le dîner, il entra dans le Refectoire, qui est en haut, un des Fils du Roy, qui pouvoit avoir trente ans. Nous voulûmes nous lever pour le recevoir, comme sa qualité le demandoit; mais le Reverend Pere Gardien nous fit signe de rester & de continuer à manger, comme si personne n'étoit entré; Et de fait ce Prince, qui se nommoit Mouley Montouquel, & qui étoit tout seul, s'assit sur un banc sans autre ceremonie, & après nous avoir regardez quelque tems, il se leva pour aller joindre un Religieux, à qui le Superieur avoit commandé de luy donner ce qu'il souhaitoit. Le sujet de sa venuë étoit pour demander du vin. Comme la loy de Mahomet défend à ses Sectateurs d'en boire, & qu'il y a des enfans du Roy & plusieurs Maures qui trouvent cette défense trop rigide, ils vont souvent au Convent pour avoir le plaisir de boire de cette liqueur, qu'ils trouvent meilleure que l'eau qui se boit à Miquenez, quoyqu'elle soit fort bonne.

Après avoir remercié le Reverend Pere Gardien & les Religieux de toutes leurs bontez, nous retournâmes à notre logis, & quelques jours après ce Mouley Montouquel nous fit demander un present; nous luy envoyâmes plusieurs écharpes & mouchoirs de soye que nous achetâmes des Juifs. Un autre de ses freres nommé Mouley Lethemany nous vint rendre visite un certain soir, & il n'avoit pour toute suite qu'un valet : après plusieurs complimens de part & d'autre en langue Espagnole, il fit signe à ce valet de luy donner à boire de la bouteille de vin, qu'il avoit apportée par son ordre; le valet tira cette bouteille avec un verre, qu'il tenoit cachez sous son *haïque*, & presenta à boire à son Maître qui salua notre santé, ensuite la ronde se fit, & il nous fallut saluer la sienne dans le même verre; le lendemain nous luy envoyâmes un present d'écharpes & de mouchoirs de soye comme à son frere, mais nous ajoûtâmes une bonne bouteille de *mistelle*, qui est une liqueur composée d'eau de vie, de sucre, de canelle & autres ingrediens, & il reçut le tout avec beaucoup de sentiment de reconnoissance; l'Esclave François, qui avoit été porteur du present, revint en bon état, parce qu'ils bûrent ensemble la bouteille de *mistelle*. Ce Prince est assez ami des Chrétiens, il boit & mange avec les Esclaves qu'il appelle ses freres, & même il assiste à leurs enterremens; ces bons sentimens luy auront été inspirez sans doute par sa mere, qui étoit une Chrétienne renegate. On aura lieu d'être surpris du peu de suite qu'ont les enfans du Roy du Maroc, mais il faut sçavoir que si ce Prince vouloit donner à chacun d'eux un train convenable à sa qualité, les revenus de ses cinq Royaumes n'y suffiroient pas, veu le nombre prodigieux qu'il en a. Je n'ose rapporter ce que j'ay appris à ce sujet, crainte de passer pour trop credule, ou pour en vouloir imposer au Lecteur; je pourrois, par exemple, dire qu'il est né au Roy de Maroc soixante enfans dans un mois, comme les Esclaves nous l'ont asfûré; je pourrois encore dire qu'en 1704. ce Prince avoit trois cens fils en état de regner, sans y comprendre ceux qui étoient en bas âge & les filles, & sans compter les enfans qui étoient morts, & ceux qu'il a eû depuis ce tems-là, comme je l'ay lû dans un livre Espagnol, composé par un Pere Recollet du Convent de Miquenez ; mais je me contenteray d'apprendre au Lecteur qu'il n'y a que ceux qu'il fait Gouverneurs des Provinces, qui soient bien ; que ceux qui demeurent à Miquenez n'ont point d'autre équipage qu'un valet, un cheval & une lance, & qu'on leur apporte tous les jours du Palais leur manger; que ceux qui sont dans le Palais jusques à un certain âge, mangent avec leurs meres ; & enfin que leur Pere en envoye beaucoup dans le Royaume de Tafilet, qui est au-delà du mont Atlas, où ils n'ont chacun pour appanage qu'un petit Château entouré de palmiers, qui produisent des dattes excellentes, & pour domestiques que des Noirs qui gardent les bestiaux & qui sement de l'orge, ce païs-là ne pouvant pas porter de bled. Je me souviens qu'à notre second Voyage à Miquenez en 1708. un Marchand François donna quatre *blanquilles* à un de ces Princes de l'âge de quinze ans, qui étoit à pied & suivi d'un petit valet; ces quatre *blanquilles* ne valant que dix sols monnoye de France. Pour les filles, il les envoye toutes à ce royaume de Tafilet, pour y être mariées avec des Cherifs, dont ce païs-là est plein, aussi bien que les autres royaumes des Etats du Roy de Maroc; j'en ay vû un à Salé, qui gagnoit sa vie à voiturer des marchandises avec une bourrique, qui composoit tout son bien.

Le Lundy 24. & les autres jours suivans furent employez à traiter avec les deux Ministres du Roy pour un rachat general de tous les François esclaves dans les Etats de ce Prince; après plusieurs pourparlers, & être convenus avec nous que nous leur donnerions cent francs pour chaque Esclave en recompense de leurs peines, ils nous declarérent enfin que le Roy leur Maître ne vouloit point d'argent, conformément au vœu qu'il en avoit fait, mais qu'il demandoit trois Maures de ses Sujets esclaves sur les galeres de France pour un esclave François; cette demande à laquelle nous ne nous attendions pas, nous surprit beaucoup, & nous causa une sensible douleur, parce que nous comprîmes bien que si ce Prince s'en tenoit là il y avoit tout à craindre que la Redemption ne pût s'effectuer, ou pour le moins qu'elle ne fût très-difficile & très-douteuse; nous concertâmes ensemble la réponse que nous devions faire, & le resultat fût d'offrir deux Maures pour un François, dans l'esperance que le Roy de Maroc s'en contenteroit, mais notre esperance fut vaine, & ce Prince demeura ferme dans sa demande. Dans cette extremité nous examinâmes quel party nous avions à prendre qui fût le plus convenable pour la consolation des pauvres Esclaves, & pour leur laisser toujours un rayon d'esperance de leur liberté; ce party fut que deux d'entre-nous iroient en France pour informer le Roy & nos Superieurs de l'état de notre negociation, de la demande du Roy de Maroc de trois Maures pour un François, & de l'offre fait de deux pour un, & pour prendre les derniers ordres afin de pouvoir achever cette negociation, pendant que les autres resteroient à Salé, pour y attendre les nouveaux ordres & renouer la negociation avec les deux Ministres. On pourra se demander pourquoy nous n'acceptâmes point la proposition du Roy de Maroc, de trois Maures pour un François, & pourquoy nous demeurâmes si fermes à n'offrir que deux pour un. Pour satisfaire à cette demande & pour notre justification, il faut répondre qu'il y avoit pour lors 200. François esclaves dans les Etats de ce Prince; qu'ainsi il nous auroit fallu trouver sur les galeres de France six cent Maures de ses Sujets pour pouvoir faire l'échange de trois pour un; ce qui nous étant impossible, attendu que ce nombre n'y étoit pas, à beaucoup près, il ne nous convenoit pas de promettre ce que nous sçavions bien ne pouvoir executer, autrement nous aurions passé pour des imposteurs, & par là nous aurions entierement coupé le chemin à la Redemption. Quoyque les Maures ne tiennent aucune parole aux Chrétiens, parce qu'ils disent qu'ils seroient Chrétiens comme eux, cependant ils exigent d'eux l'accomplissement de leur parole, parce qu'ils pretendent que la Religion Chrétienne le commande à ceux qui en font profession : j'ajoute à cette réponse que le Roy de Maroc

nous

nous a fait plaisir de ne point accepter notre offre de deux Maures pour un François, parce que le Roy de France n'auroit pas voulu consentir qu'on eût mis cet offre en execution, pour ne point donner à ce Prince & à ses successeurs une espece de droit, à l'égard de la France, de demander plusieurs esclaves Maures pour un François. Il faut dire à ce sujet qu'il y a trois sortes de gens qui composent la chiourme des galeres de France; les uns sont des Turcs que le Roy fait acheter des Corsaires Chrét. quand il en a besoin; les autres sont des Maures, qui ont été pris sur mer par les Vaisseaux François, & pour chacun desquels Sa Majesté fait donner cent écus, & de plus une recompense pour le Capitaine, quand c'est un Vaisseau Marchand qui a fait la prise; enfin il y a des Galeriens qui sont condamnez pour leurs crimes à servir de forçats. Les Turcs & les Maures vont en Ville travailler en toute liberté, & ils n'ont qu'un anneau à une jambe pour marque de leur efclavage; mais ils vont tous les foirs coucher à la galere; ce qu'ils gagnent eft pour eux, & ils en font quittes pour donner au Comite un fol par jour. Pour les galeriens, ils ne fortent qu'enchaînez avec un autre & accompagnez d'un homme, & quand ils travaillent en Ville, ils font attachez à une chaîne dans la maifon du Maître, qui répond d'eux: ce qu'ils gagnent eft auffi pour eux, ils donnent par jour un fol au Comite, & ils fe retirent tous les foirs dans la galere. Il y a tout au long du Port de Marfeille, du côté de la Ville, quantité de petites boutiques; les Turcs & les Maures qui les occupent font en liberté, mais les galeriens font enchaînez; chacun s'y employe fuivant fon talent, & il y en a qui y font un bon profit. Quand les galeres font en mer, pour lors & Turcs & Maures & Galeriens font enchaînez, crainte qu'ils ne fe revoltent, pour tâcher d'obtenir leur liberté.

Pendant tous ces pourparlers nous

allâmes plusieurs fois visiter les Esclaves François malades, dans le lieu où les Esclaves Chrétiens se retirent tous les soirs quand leur travail est fini. Ce lieu, qu'ils appellent le *Canot*, étoit anciennement la Juïverie, & quand les Juifs l'ont quitté pour se placer où ils sont à present, le Roy de Maroc y a fait mettre tous les Esclaves Chrétiens. Chaque Nation y a son quartier à part, & au milieu il y a une petite Chapelle, où un Pere Recollet va dire la Messe tous les jours de grand matin, quand il n'y a point de Prêtres Esclaves, soit seculiers, soit reguliers. Nous y trouvâmes deux Religieux Benedictins Portugais, qui avoient été faits Esclaves en revenant du Bresil, & qui avoient la liberté de dire la Messe tous les jours, & de faire toutes leurs fonctions, comme s'ils avoient été dans leur Convent. Il faut dire icy à la loüange du Roy de Maroc, que ce Prince, tout barbare qu'il est, a cette consideration pour les Prêtres & les

Religieux Esclaves, qu'il les laisse vivre paisiblement sans les obliger à aucun travail, & avec la permission de demeurer avec leur habit & d'exercer les fonctions de leur ministere; les Corsaires même de Salé, de Larache & de Tanger, ont pour eux la même consideration que leur Roy, quand ils les font Esclaves, les traitant avec beaucoup d'humanité, sans les dépoüiller ni leur ôter ce qu'ils peuvent avoir sur eux, & en cela plus raisonnables que plusieurs Armateurs Chrétiens, qui souvent les traitent plus mal que les autres. Ce Prince a encore le même égard pour les Esclaves mariez qui ont leurs femmes avec eux; sa raison est, qu'un homme qui a famille a assez d'embarras pour chercher dequoy la nourrir, sans l'obliger à un travail qui l'empêcheroit d'avoir ce soin. Il est vray qu'il ne donne rien ni aux uns ni aux autres pour leur subsistance, mais ils s'en peuvent facilement consoler, vû le peu qu'il donne aux Esclaves Chrétiens qui travaillent à ſes ouvrages, & qui n'ont par jour que cinq *feloux*; un *felou* eſt une petite monnoye de cuivre, à peu près comme nos deniers de France, & il en faut 24. pour faire une *blanquille*, qui eſt une autre monnoye d'argent fort mince, & qui vaut deux ſols & demi de France. Il y a ſur les unes & les autres des caracteres Arabes, ſçavoir d'un côté, *la Alla lehac*, Dieu eſt la verité; & de l'autre, *lanſero lehac*, vive la verité. Les Eſclaves ont encore toutes les années une *Jerebie*, qui eſt une eſpece de caſaque de laine blanche, garnie de deux petites manches & d'un capuçon pointu au bout; cette caſaque eſt comme la livrée du Roy de Maroc, & avec elle ils ne craignent pas qu'on leur faſſe aucun mal, attendu que c'eſt une marque qu'ils appartiennent à ce Prince, qui a défendu ſous de griéves peines de les maltraiter, ſur la repreſentation qui luy fut faite que ſans cela les Maures tuëroient tous ses Esclaves, & qu'ainsi il perdroit tout son bien. Il est permis aux Esclaves de se défendre contre ceux qui voudroient les insulter, mais il faut qu'ils ayent avec eux la *Jerebie*.

Ce lieu de la demeure des Esclaves Chrétiens est fermé de tous côtez, & on n'y peut entrer que par une grande porte, qui est étroitement gardée par des Maures qui y sont de la part du Roy. Tous les matins les Esclaves en sortent pour aller au travail, & quand ils en reviennent le soir les Gardes les comptent exactement, & s'il en manque quelques-uns, ils font diligence pour sçavoir où ils sont, & lorsqu'ils les ont trouvez, les coups de bâton ne leur manquent pas. Chaque Nation a son Infirmerie & ses Infirmiers, qui sont exempts du travail, à l'exception des Espagnols, qui envoyent leurs malades au Convent; & afin qu'il y ait quelque ordre, chaque Nation nomme un Majordome, qui est aussi exempt du travail, de même que ceux qui restent au *Cauot* pour faire la soupe aux Esclaves quand ils reviennent le soir. Ce Majordome change tous les ans, & il est élû à la pluralité des voix; son principal soin est de repartir à ceux de sa nation les aumônes qui leur sont envoyées, & sur tout d'en conserver toujours quelque partie pour en assister les malades, qui s'y trouvent toujours en grand nombre, vû le travail continuel & le peu de nourriture; il a aussi droit de châtier ceux de sa nation, quand ils le méritent. Chaque Esclave a une petite loge de bois, où il couche sur une nate de paille étendue sur la terre, & c'est en quoy consiste tout son meuble. J'ay dit dans mon Avertissement que le Roy de Maroc est le seul Maître de tous les Chrétiens Esclaves; il faut icy en rapporter la raison. Ce Prince a toujours affecté de vouloir imiter le Roy Loüis. C'est ainsi qu'il appelloit le Roy défunt de glorieuse & triomphante memoire, comme je l'ay déja dit. Ayant donc sçû que le Roy étoit seul le Maître des Esclaves qui sont en France, & d'ailleurs son propre interêt s'y trouvant, il enleva tous les Chrétiens qui étoient Esclaves des particuliers, en donnant aux proprietaires une somme par tête : Il a payé pendant quelque tems aux Corsaires les Esclaves qu'ils faisoient ; mais depuis il a trouvé que c'étoit le plus court & le plus facile de ne rien donner, & c'est ce qu'il execute ponctuellement. On s'avisa de luy dire un jour, que puisqu'il vouloit imiter le Roy de France, il ne devoit point tuer ni faire tuer ses Sujets en sa presence, puisque ce Prince ne tuoit point & ne faisoit point tuer les siens devant luy ; mais la réponse fut toute prête ; *Cela est vray*, dit-il, *mais c'est que le Roy Loüis commande à des hommes, & moy je commande à des bêtes.*

Les deux Ministres du Roy de Maroc voyant que nous ne voulions pas, ou pour mieux dire, que nous ne pouvions pas accepter la demande de ce Prince, luy en firent leur rapport, & là-dessus il commanda de choisir douze Esclaves des plus vieux, & de les conduire ensuite devant luy, pour voir si on avoit fidellement executé ses ordres. Son dessein étoit de nous en faire un present en consideration de celuy que nous luy avions fait à l'audience, & dont il avoit été fort content. Ce commandement du Roy allarma les Esclaves François, qui vinrent en foule dans notre logis fondans tous en larmes, & presque au désespoir ; nous tâchâmes de les consoler en leur representant que la negociation de leur liberté n'étoit point rompue, mais seulement suspendue, puisque deux d'entre nous devoient aller en France pour conferer avec nos Superieurs, recevoir de nouveaux ordres du Roy, & prendre ensuite les mesures necessaires pour pouvoir achever leur Redemption, pendant que les autres resteroient à Salé pour les assister de tems en tems dans leurs besoins, & profiter des occasions favorables qui se pourroient presenter. Cela les appaisa un peu, & un second commandement du Roy de Maroc, de ne pas encore luy amener les douze Esclaves, acheva de les tranquiliser. Pendant quelque tems, nous fûmes entre la crainte & l'esperance, & ce contr'ordre nous donna lieu de croire que ce Prince se contenteroit de l'offre que nous luy avions fait de deux Maures pour un François; mais le Lundy onziéme Decembre nous apprîmes que nous devions plutôt craindre qu'esperer; en effet ces deux Ministres vinrent le matin avec les douze Esclaves François pour les remettre entre nos mains; & ils nous souhaitérent de la part du Roy un bon voyage. Ce compliment ne nous fut pas fort agreable, mais il en fallut passer par là: nous nous disposâmes donc à partir avec cette petite portion de notre troupeau, & toujours dans le dessein de ne pas abandonner les autres, mais d'attendre, avec resignation à la volonté du Seigneur, le tems & le moment que sa divine Providence avoit marqué pour leur entiere délivrance.

Pendant qu'on se prepare au retour, il faut apprendre au Lecteur quelques particularitez du païs. Un jour que nous nous promenions sur la terrasse de notre logis, nous entendîmes un cry fort lugubre; la curiosité nous porta de ce côté-là, & nous vîmes dans la cour d'une maison prochaine un bon nombre de femmes Juïves, qui s'y étoient assemblées pour celebrer l'anniversaire de la mort du maître de la maison. Ces femmes toutes debout se frapoient de tems en tems les mains en poussant une espece de cry fort triste, & ensuite les unes se déchiroient, & les autres faisoient semblant de se déchirer le visage avec les ongles, mais toutes en pleurant & se lamentant. Une autre fois nous entendîmes une femme Juïve qui ne fit toute la journée que se plaindre & gemir au sujet de la mort de son mary. Il y avoit de l'autre côté de nôtre logis un grand Cimetiere situé sur une petite colline entourée de murailles, & qui étoit tout plein de petits chapiteaux soutenus par quatre colomnes, pour marquer le lieu où sont enterrez les Cherifs & ceux qui sont morts en odeur de sainteté ; c'est ce qui nous donna lieu de voir beaucoup d'enterremens de Maures : nous en vîmes sur tout un, qui devoit être d'un des principaux du païs ; autour de la biere, qui étoit couverte d'une grande piece de drap, & que deux hommes portoient sur leurs épaules, il y avoit un grand nombre de personnes qui accompagnoient le corps ; un *Talbe*, c'est-à-dire, un Prêtre Mahometan marchoit après, en chantant ces parolles, *la illa illella Mohamet arsolla*, je crois en Dieu, & en son Ambassadeur Mahomet, que les autres repetoient de la même maniere. Depuis la sortie de la maison jusques au lieu de la sepulture, on ne dit point autre chose que ces paroles, qui composent leur profession de foy, & que l'on recommence toujours pendant tout le chemin. La biere ne sert que pour porter le corps jusques à la fosse, sur laquelle ils mettent quelques planches, ou une grande pierre, après l'avoir enterré avec le suaire de toile de coton, dans lequel il a été enseveli. Les Maures inhument les corps sur le côté droit, pour les faire reposer plus doucement jusques au jour du Jugement universel, & de maniere que le visage puisse être du côté de la Meque, où est né Mahomet: ils ne mettent jamais deux corps dans une même fosse, afin que les ames n'ayent pas de peine à trouver leurs os au jour de la Resurrection generale, & c'est ce qui arriveroit, selon eux, si on enterroit plusieurs corps au même endroit; pour cette raison leurs Cimetieres sont fort spacieux. L'enterrement fini, chacun se retira chez foy; mais le lendemain il vint de grand matin dans le Cimetiere, une cinquantaine de femmes Mauresques pour pleurer fur la foffe du mort, & après y avoir refté environ quatre heures, elles fe retirerent. Avant l'enterrement il fe fait une ceremonie tout-à-fait ridicule; quand un homme eft mort, & que fon corps eft lavé & enfeveli, les parentes, amies & voifines du deffunt, ou des femmes louées pour cette ceremonie, viennent prendre poffeffion du corps, & de tems en tems elles fe battent & s'arrachent, ou font femblant de s'arracher le vifage avec les ongles en pleurant & demandant au mort le fujet qu'il a eu de vouloir fortir de ce monde; Quoy! difent-elles, eft-ce qu'il t'a manqué du bon *coufcouffou* pour manger? eft-ce qu'on ne vouloit plus te fournir de poules, de pigeons & de viande pour mettre avec le *coufcouffou*? eft-ce que tu n'avois plus de pipe ni de tabac pour fumer? avois-tu des ennemis à craindre?

Quoy! tes parens & tes amis ne pouvoient-ils pas te secourir dans tes besoins, si tu l'avois voulu? ne pouvoient-ils pas te défendre contre tes ennemis? Dis-nous donc la raison qui t'a obligé de nous abandonner. Ces pleurs, ces lamentations & ces demandes durent jusqu'au tems du Convoy, & ensuite les pleureuses font un bon repas des mets que les parens & amis du défunt y ont envoyez, parce qu'on ne fait rien cuire à la maison, étant défendu d'y faire du feu depuis la mort jusques après l'enterrement. Si c'est une femme qui soit morte, on luy fait la même ceremonie, mais les demandes sont proportionnées à son sexe. Les hommes morts sont lavez & ensevelis par des hommes, & les femmes mortes sont lavées & ensevelies par des femmes ; toutes ces lotions après la mort, qui se font avec de l'eau chaude, & ensuite avec de l'eau froide, servent, à ce qu'ils prétendent, pour purifier les morts de leurs pechez, cette ceremonie legale n'ayant pû se faire pendant leur maladie à cause de leur foiblesse.

A côté de ce Cimetiere nous vîmes le grand *Adoüar* habité par des familles de Noirs, dont on a déja parlé; cet *Adoüar* est une pepiniere de soldats pour le Roy de Maroc. Ce Prince voulant assujettir & arrêter l'inconstance de ses Sujets, qui tiennent pour maxime que pour être heureux, ils ne doivent pas laisser regner leurs Princes plus de six à sept années, fait acheter un grand nombre d'Esclaves du païs des Noirs qui est contigu à ses Etats. Quand ces Esclaves sont arrivez devant luy, il fait mettre les garçons d'un côté & les filles de l'autre, & sans autre ceremonie il les marie tous les uns après les autres, & les envoye ensuite en differentes contrées pour les peupler. Par cette politique il a deux avantages; le premier est qu'il confirme & assure sa Couronne & son regne, sans rien craindre des Blancs,

qui

qui sont les naturels du païs, parceque les Noirs sont les seuls gardes du Palais, c'est-à-dire que ceux qui sont soldats gardent les dehors, & les eunuques gardent le dedans; qu'il confie à eux seuls les armes à feu & la garde des forteresses ; & de plus, qu'eux-mêmes se trouvent dans la necessité de conserver sa personne pour se mettre à couvert de la vengeance des Blancs, qui n'attendent que la mort du Roy pour les égorger tous, s'ils en trouvent l'occasion, les regardant comme leurs plus cruels ennemis. Et de fait ces Noirs se voyant appuyez par le Prince, traitent les Blancs avec beaucoup de hauteur, & leur crachent impunément au visage Le second avantage est que ce Prince, ayant besoin de soldats, en trouve tant qu'il veut parmy ces Noirs, qui sont plus braves que les Blancs, & il en est servi avec beaucoup de fidelité, parce qu'étant étrangers, ils le regardent tous comme leur propre Pere.

CHAPITRE V.

ADRESSE du Roy de Maroc pour s'attirer des presens. Depart de Miquenez avec les 12. Esclaves. Embarras que donne un des Peres Députez à cause de son grand âge. Raison pourquoy les Gardes Noirs du Roy de Maroc sont craints. Cruauté de ce Prince à ce sujet. Maniere d'ensemencer la terre dans le païs. Retour à Salé. Payement du droit de sortie des portes pour les 12. Esclaves. Perdris vivantes bien cheres à Salé. Embarquement pour Nantes des 12. Esclaves & de deux Peres Députez. Eloge du Capitaine du Vaisseau. Leur arrivée à Paimbeuf, après avoir pensé faire naufrage. Vœu accompli à Paimbeuf. Retour à Cadiz des autres Peres Députez. Depart de plusieurs d'entr'eux pour France. Trois restent à Cadiz. Mort précipitée d'un des trois. Zele de Monseigneur

au Royaume de Maroc. 115
le Comte de Pontchartrain pour la Redemption des Esclaves François.

AVANT que de partir de Miquenez, nous demandâmes notre audience de congé, mais elle nous fut refusée, parce que nous n'avions plus de presens à donner, & qu'il n'est permis à qui que ce soit, & naturels & étrangers, de se presenter à l'audience du Roy sans avoir un present à luy faire, qui serve de prélude à ce qu'on veut luy demander. C'est pour cela qu'il est bien aise quand il arrive quelques affaires aux Marchands Chrétiens qui demeurent dans ses Etats; parce que pour lors ils viennent à Miquenez luy demander justice, mais toujours munis d'un bon present. Quand il se passe du tems sans qu'il leur survienne des affaires qui les obligent de recourir à luy, il leur en fait susciter par ses Ministres, qui ont leurs presens comme leur Maître. Il commande même sous-

K ij

main à ſes Corſaires de prendre les Navires Chrétiens, quoyqu'ils ſoient amis ou trafiquans dans ſes Ports, parce qu'il ſçait bien qu'on viendra luy en demander la reſtitution; alors il fait le fâché contre les Corſaires, & il fait reſtituer ces Navires, mais ce n'eſt qu'après avoir reçû un gros preſent. Le Vendredy 12. veille de notre départ pour retourner à Salé, la journée fut employée à faire expedier la lettre du Roy pour avoir la permiſſion de ſortir de ſes Etats avec les douze Eſclaves, à payer ce qui étoit dû aux deux Miniſtres, conformément au Traité fait avec eux de leur donner cent francs pour chaque Eſclave racheté, à ſatisfaire pour le droit de ſortie des portes, & à recompenſer les Juifs de la peine qu'ils avoient priſe en nous fourniſſant des vivres de la part du Roy, & ceux qui nous avoient rendu quelques ſervices.

Le Samedy 13. nous ſortûmes de Miquenez de bon matin avec notre petit troupeau, & le Roy nous permit d'emmener avec nous un de nos deux gardes pour nous escorter jusques à Salé ; ce garde étoit d'un bon naturel & fort serviable. On aime mieux garder le silence que de vouloir exprimer par des paroles ce qui se passa quand nous fûmes obligez de dire adieu à nos pauvres Esclaves; Quels regrets ! quels sanglots ! quels gemissemens de part & d'autre! Pour ne point s'arrêter davantage sur un sujet si triste, il faut dire que nous jugeâmes à propos de doubler notre marche, afin de mettre au plûtôt en parfaite liberté nos 12. Escl. rachetez, & la crainte que nous eûmes de recevoir à leur sujet un fâcheux contr'ordre, ne se trouva pas sans fondement, parce qu'au moment de notre départ il vint plusieurs Ministres subalternes qui parurent n'être pas contens, & qui nous menacérent de donner avis au Roy leur Maître, qu'il avoit été trompé dans le choix qu'on avoit fait des douze Esclaves, & qu'il y en avoit entre eux qui pouvoient encore luy rendre beaucoup de service dans ses travaux ; ce vent contraire à notre voyage fut appaisé par une petite pluye d'argent. On sçait que le Samedy est aux Juifs ce que le Dimanche est aux Chrétiens, & que ces gens-là zelez jusqu'à la superstition pour la sanctification du Sabat, aimeroient mieux mourir que de faire le moindre ouvrage ce jour-là, ne leur étant pas même permis d'allumer du feu, & se trouvant pour cette raison dans l'obligation d'apprêter leur manger dès la veille. Comme nous étions logez dans leur quartier, toute la Synagogue s'assembla pour nous voir partir, & c'est ce qui fit qu'un de nos domestiques demanda s'il y avoit eû davantage de Juifs, qui eussent assisté à la passion & à la mort de notre Sauveur. Ce jour-là la porte de la Juïverie est toujours fermée, & ainsi il fallut payer au Maure gardien de la porte, la peine qu'il prit de nous l'ouvrir, car en ce païs-là, aussi bien que dans d'autres, on ne fait rien pour rien.

Au depart de Salé nous nous étions trouvez dans une conjoncture assez embarassante au sujet d'un de nos Collegues nommé Pierre Berthier premier Deputé pour la Redemption, comme il a déja été dit, de la Congregation de la Mercy de Paris; ce Pere étoit presque septuagenaire, & de plus il avoit une incommodité qui pouvoit le dispenser d'un si penible voyage; mais le zele qu'il avoit eû pour l'accomplissement de son quatriéme vœu l'avoit fait passer pardessus toutes ces considerations; la fatigue qu'il avoit soufferte en traversant toute l'Espagne pendant les grandes chaleurs de l'Eté, & sur tout les monts Pirenées, qui ne permettent point d'autre voiture que celles des mules ou mulets, à cause des rochers & précipices dont ils sont remplis; cette fatigue, dis-je, n'avoit pas ralenti son courage; mais dans le chemin depuis

Salé jusques à Miquenez, il se trouva si mal, quoy qu'il eût une excellente mule, qu'il fut sur le point de rester sans pouvoir ni avancer ni reculer; cependant il ne perdit pas courage, & tirant, pour ainsi dire, des forces de sa foiblesse, il arriva à Miquenez avec les autres; mais au retour pour Salé, on ne sçavoit que faire pour le mettre en état de supporter la fatigue du chemin; il eut donc recours à Dieu, & il implora l'assistance de la trés-sainte Vierge & des Saints qui sont morts dans l'Esclavage; prosterné par terre, & embrassant deux chaînes que les Esclaves François luy avoient données, & qui sont à present dans l'Eglise du Convent de la Mercy de Paris, il fit cette priere; *Seigneur, il n'y a rien d'impossible à votre divine Majesté, & vous ne rejettez point ceux qui ont recours à vous dans leurs besoins; ces chaînes ont servi d'instrument aux peines & aux souffrances des pauvres Esclaves Chrétiens, & par consequent ont été sanctifiées,*

tifiées, comme autrefois celles de S. Pierre, de S. Paul & des anciens Martyrs. Je vais les porter avec moy, & ainsi je vous prie, très-humblement, mon Dieu, de me communiquer la vertu que la foy me fait croire en elles, & que cette vertu me donne les forces dont j'ay besoin pour achever heureusement le voyage que j'ay entrepris pour le soulagement des membres souffrans de votre Fils notre Sauveur; c'est la grace que je vous demande par sa mediation, & par l'intercession de sa divine Mere Redemptrice des hommes, & de tous les saints Esclaves qui jouissent à present de votre divine presence : cette priere fut efficace, & il le faut croire ainsi, puisqu'il fut toujours à la tête des autres pendant tout le chemin, sans souffrir la moindre incommodité; bien plus, nous fûmes obligez une fois trois ou quatre de rester derriere les autres pour ne vouloir pas abandonner un des douze Esclaves, qui à cause de son grand âge avoit de la peine à se tenir sur sa mule. Ce Pere

L

étant arrivé à l'*Adoüar* de Brila, éloigné du grand chemin d'un quart de lieüe, fut inspiré de crier de tems en tems, & sa voix nous ayant fait connoître que nous étions proche de cet *Adoüar*, nous en prîmes le chemin, & par là nous évitâmes le danger évident où nous étions de coucher la nuit en pleine campagne & d'être exposez aux lions & aux tigres dont le païs est rempli.

Enfin tous les obstacles étant levez, nous nous mîmes en chemin & nous allâmes coucher à l'*Adoüar* de Beth. A notre arrivée notre garde fit sortir trois familles de leurs tentes, & il mit quatre Esclaves dans chacune; il donna ensuite ordre au Checq de mettre des sentinelles à l'entour de la nôtre & de luy préparer à souper; cet ordre fut executé ponctuellement; car il faut sçavoir que les gardes Noirs du Roi sont tellement craints dans tout le païs, qu'un seul suffit pour chaque *Adoüar*, quand ce Prince les envoye pour lever la *Garamme*; l'experience que ces malheureux Arabes ont, que s'ils avoient tué un de ces gardes, le Roy en feroit le châtiment par la mort de tous ceux de l'*Adoüar* criminel, sans épargner ni femmes ni enfans; cette experience, dis-je, les rend si dociles & si soumis, qu'il suffit à ces gardes de porter un simple bâton, sans avoir besoin d'autre chose pour faire executer les ordres du Prince. Il y a déja du tems qu'un de ces gardes ayant été tué dans un *Adoüar*, le Roy envoya des soldats pour faire mourir une soixantaine de ceux de cet *Adoüar*, avec ordre de luy en apporter les têtes; ces têtes furent apportées & comptées devant ce Prince, qui en ayant trouvé une de manque & voulant avoir son compte, fit couper en sa presence la tête à un de ceux qui les avoient apportées, & par ce moyen il eut le nombre de soixante, dont il s'étoit contenté pour lors. En chemin faisant nous vîmes la maniere de semer le bled dans ce païs-là; le laboureur jette la semence sur la terre telle qu'il la trouve, sans se mettre en peine d'ôter les mauvaises herbes, & il donne ensuite une façon pour couvrir le grain; voilà tout le mystere, & cependant il vient en abondance le plus beau & le meilleur bled qui se puisse voir; il est vray que sur la fin de l'Eté & avant les pluyes, on met le feu aux endroits qu'on veut semer, tout étant sec pour lors à la campagne, & la cendre qui reste sur la terre sert de fumier; les pluyes qui viennent ensuite disposent la terre, qui d'ailleurs ne travaille pas comme en France, en sorte que quand on seme le bled dans un endroit, ce n'est qu'après un repos de plusieurs années. Le Dimanche 14. nous fimes douze lieuës pour pouvoir arriver à l'*Adoüar* de Brila; notre garde fit la même chose à cet *Adoüar* qu'à l'autre; nous en partîmes le lendemain de grand matin, & nous arrivâmes de bonne heure à Salé. Le sieur Perillié étoit aussi parti avec nous, parce que sa presence n'étoit plus necessaire à Miquenez.

Pendant le Voyage il étoit arrivé à la rade de Salé un Vaisseau François nommé le Patriarche, & qui y étoit venu pour le commerce; ce Vaisseau devant s'en retourner à Nantes, d'où il étoit, nous regardâmes cette occasion favorable, comme une grace du Ciel, qui nous fournissoit le moyen de faire embarquer au plutôt les douze Esclaves, & par là achever leur liberté; & de fait, un Esclave, quoyque racheté, ne peut pas se dire parfaitement libre, qu'il ne soit en mer, & avant cela il a toujours sujet de craindre. Comme la Barre de Salé se trouvoit mauvaise, il fallut attendre qu'elle se fût remise pour pouvoir embarquer nos affranchis. Pendant ce tems là, ce vieux Esclave, dont j'ay parlé, & qui se nommoit Pierre Belloni natif de Martegues en Provence, se trouva fort mal, & il mourut quelques jours après; mais il fût remplacé par un autre qui étoit à Salé, & que le Roy de Maroc avoit donné à un Maure pour l'échanger avec son parent Esclave sur les galeres de France, & ainsi nous eûmes toujours notre nombre de 12. Cet Esclave, nommé Jean Sille, étoit natif de la Ville d'Agde en Languedoc; il étoit vieux, & par conséquent inutile aux travaux de ce Prince. Le Pere Forton promit au Maure de faire venir son parent & d'en payer la rançon, & après quelques difficultez ce Maure permit l'embarquement de l'Esclave, qui par ce moyen fut délivré des persecutions de ce nouveau maître, qui le traittoit avec la derniere barbarie. Il fallut convenir avec le Gouverneur de Salé, de ce qu'il souhaittoit pour le droit de sortie des Portes, & pour cet effet nous nous assemblâmes avec luy dans la maison du sieur Pierre Gauthier Marchand François, nous y trouvâmes les douze Esclaves qu'il y avoit fait venir, & dont il avoit écrit le nom & l'âge, en les faisant passer en revûë devant luy; il nous assura qu'on luy avoit écrit de Miquenez, qu'il y en avoit entre eux qui étoient jeunes, & qui pouvoient encore servir aux travaux du Roy; qu'on luy avoit même conseillé de les arrêter, mais qu'il n'en vouloit rien faire, parce qu'il étoit content de nous & disposé à nous rendre service & à nous favoriser autant qu'il le pourroit. On ne peut pas affirmer s'il disoit vray ou non; mais ce qui est de certain, c'est que son dessein étoit de faire valoir sa bonne volonté, & d'en recevoir un payement plus fort pour le droit de sortie: quoyqu'il en soit, on luy demanda ce qu'il vouloit pour chaque Esclave pour ce droit de sortie, & après quelques legeres disputes on convint de luy donner 470. livres pour le tout : cela fait il nous conseilla d'envoyer les douze Esclaves sur une Tartane Françoise, qui avoit mouillé l'ancre au bas du Château, afin d'en ôter la vûë aux

Maures & les faire embarquer dès que la Barre le permettroit. Il y avoit auprès de cette Tartane un petit Navire François, & le Capitaine avoit acheté des perdris vivantes; deux ou trois s'étant échapées se refugierent au pied du Château dans les troux du rocher, sur lequel il est situé; un matelot de ce Navire y alla pour les reprendre, ne faisant pas reflexion sur le danger où il s'exposoit, mais il ne fut pas longtems sans l'apprendre. Les Noirs qui sont en garnison dans ce Château l'ayant apperçû, fondirent sur luy, se saisirent de sa personne, & le menérent au Gouverneur; on ne parloit pas moins que de luy couper la tête, comme à un espion, qui avoit été pris en visitant les fortifications du Château; notre Garde alla voir ce Gouverneur, & l'obligea de luy rendre ce matelot François, qu'il conduisit dans la maison du Consul de France plus mort que vif, & où nous fûmes témoins du vœu qu'il fit à Dieu, de ne jamais retourner dans ce malheureux païs, s'il luy faisoit la grace d'en sortir. Cette affaire coûta au Capitaine une bonne somme d'argent, qui fut distribuée au Gouverneur du Château & à ceux qui avoient fait la capture; ainsi ce Capitaine pouvoit assurer que les perdris vivantes étoient bien cheres à Salé; notre garde servit beaucoup dans cette occasion, étant certain que sans luy l'affaire ne se feroit pas passée si doucement; aussi fut-il bien payé du service qu'il avoit rendu.

Avant l'embarquement il fallut encore satisfaire à l'avidité de plusieurs Officiers du Gouverneur de Salé, qui voulurent avoir leur part au gâteau aussi-bien que luy; ainsi tout le monde étant content, & la Barre paroissant bonne pour le passage des Barques, deux d'entre nous, sçavoir le Pere Toëri & le Pere Forton, la voulurent passer avec les douze Esclaves le Lundy 22. sur les deux heures après midy; mais l'ayant trouvée plus mauvaise qu'on ne l'avoit crû, ils furent contraints de rebrousser chemin, après avoir été en danger de perir, & ils ne la passerent que le lendemain à la même heure pour s'embarquer sur le Vaisseau le Patriarche, qui étoit commandé par le sieur Dargueſtade. Ce Capitaine les reçut avec beaucoup de joye, & il se crut fort heureux de contribuer, ou pour mieux dire, de pouvoir achever la liberté de ces douze Esclaves; nous l'avions fait pressentir auparavant pour sçavoir ce qu'il demandoit pour leur passage; mais sa generosité naturelle & sa charité toute chrétienne luy avoient fait refuser la proposition que nous luy avions fait faire par son Marchand de luy payer ce qu'il demanderoit; ainsi nous luy avons l'obligation toute entiere du passage & de la nourriture des deux Peres & du passage des douze Esclaves. Le Mercredy 24. le Vaisseau se mit à la voile, & le voyage fut heureux jusques sur les côtes de Breagne ; mais une tempête qui dura pendant 24. heures, ayant forcé le Capitaine de relâcher à Belle-Isle, il se leva un ouragan si furieux, qu'ils furent pendant deux jours entre la vie & la mort, ayant perdu leurs mâts, leurs voiles, leurs ancres, leur canot & leur Chaloupe. Pendant tout ce tems-là le Capitaine fit paroître une intrepidité surprenante & une presence d'esprit admirable; aussi on peut dire qu'après Dieu il fut le salut du Vaisseau; ils se trouverent sur le point d'échouer sur des rochers, où ils auroient fait un naufrage inévitable, mais dans cette extremité tous firent un vœu, jusques aux Protestans même, de faire chanter une grande Messe dans la premiere Chapelle qu'ils trouveroient sous l'invocation de Notre-Dame de Bon-Secours, & d'y faire un present d'une bonne somme d'argent; ce vœu ne fut pas plutôt fait qu'un vent de mer poussant le Vaisseau sur le plus dangereux de ces rochers, il survint tout à coup un vent de terre qui le repoussa, & qui luy fit prendre une autre route; ce qui fut cause du salut du Vaisseau, qui entrant dans la riviere de Loire alla échouer sur un banc de sable. Le Capitaine fit tirer du canon pour demander du secours, qui luy fut donné par les Chaloupes de quelques Fregates de Roy qui étoient mouillées au Port de Paimbœuf; ces Chaloupes arriverent au Vaisseau avec beaucoup de travail, à cause du mauvais tems, debarquérent tous ceux qui étoient dedans, & ensuite le mirent en état d'entrer heureusement au Port. Comme il y avoit à Paimbœuf une Chapelle sous l'invocation de Notre Dame de Bon-secours, le vœu y fut accompli avec toute la fidelité possible.

Pour nous, qui devions rester à Salé, suivant la promesse faite aux Esclaves en conséquence de notre resultat fait à Miquenez, nous ne pûmes effectuer notre dessein, parce que les deux Ministres du Roy de

Maroc nous avoient déclaré avant notre départ de cette Ville Royale, que ce Prince ne vouloit pas nous le permettre ; c'est aussi ce qui nous détermina à choisir Cadiz ; & de fait, cette Ville par sa situation sur la Mer, & par la commodité des bâtimens qui sortent assez souvent de son port pour aller commercer à Salé, Larache & Tanger, étoit le lieu le plus commode que nous pouvions souhaiter, non-seulement pour consoler de tems en tems les Esclaves par nos lettres, & les assister dans leurs besoins, mais encore pour recevoir plus facilement des nouvelles de France & prendre de justes mesures pour la Rédemption. La Barre de Salé se trouvant bonne pour le passage des Ceties, nous nous embarquâmes le samedy vingt-sept vers les trois heures après midy sur la même Cetie qui nous avoit porté à Salé, & qui se trouvoit encore au Port ; le Patron nous reçut avec plaisir, & il nous remena à Cadiz avec le même désinteressement. Le retour fut heureux, & nous arrivâmes à ce Port le Lundy vingt-neuf vers les dix heures du matin.

Quelques jours après nous fimes reflexion que le grand nombre des Peres Députez pour la Rédemption se trouvoit inutile par le peu d'espérance qu'il y avoit de terminer si-tôt cette grande affaire, qui selon toutes les apparences tireroit en longueur, comme la suite ne l'a que trop fait voir; & ainsi nous convînmes ensemble qu'il n'y en auroit que trois qui resteroient à Cadiz, & que les autres s'en retourneroient en France, afin d'éviter par ce moyen les dépenses inutiles. Je fus du nombre des trois, & j'eus pour associez le Pere Busnot, & le Frere Joseph Castet; ce nombre fut diminué quelque tems après par la mort précipitée du troisiéme, qui étoit allé au Convent de Xerès de la Frontéra à quatre

iſües de Cadiz, pour y paſſer la fête
de ſaint Pierre Nolaſque Fondateur
& Patriarche de l'Ordre de la Mercy.
Ceux qui devoient s'en retourner en
France partirent au mois de Janvier
1705. & ils arriverent heureuſement
dans les maiſons d'où ils étoient ſortis pour aller à la Rédemption. Ainſi par le depart des uns & par la mort
de l'autre je reſtay ſeul avec le Pere
Buſnot, & nous attendîmes avec patience le ſuccès qu'auroient pû avoir
les deux Peres Deputez pour informer le Roy & nos Superieurs de l'état où ils avoient laiſſé l'affaire de la
Rédemption à leur ſortie de Salé, &
en recevoir les derniers ordres. Nous
ſçûmes par des Lettres reçuës au
mois de Mars que ces Peres étoient
arrivez à Paris au mois de Janvier,
que Monſeigneur le Comte de Pontchartrain, Miniſtre & Secretaire d'Etat les avoit très-bien reçus, que ce
Miniſtre plein de zele & de charité
pour les pauvres Eſclaves leur avoit

donné carte blanche, en leur promettant de la part de Sa Majesté de leur livrer gratis tous les Maures Sujets du Roy de Maroc Esclaves sur les galeres de France, & enfin que leurs Superieurs s'étoient engagez à faire les derniers efforts pour les mettre en état d'achever heureusement cette importante affaire de la Rédemption.

Je croirois manquer à mon devoir si je n'instruisois pas le Public de l'empressement que Monseigneur le Comte de Pontchartrain a témoigné pendant tout le cours de notre longue negociation, pour la terminer par un heureux succès; en effet ce Ministre n'a rien oublié de tout ce qui pouvoit servir à briser les fers des Sujets du Roy Esclaves dans les Etats du Roy de Maroc; & si cette negociation n'a pas réüssi, comme on auroit pû le souhaiter, il faut dire, à sa louange, qu'il n'a pas tenu à luy, & qu'il ne faut s'en prendre qu'à la mauvaise foy de ce Prince barbare, e, à l'avidité & à la jalousie de ses Ministres, qui chagrins de voir qu'on ne s'adresse pas à eux dans une affaire auprès de leur Maître, s'efforcent de détruire tout ce que peuvent faire ceux à qui on s'est adressé. Si je n'avois pas craint de grossir trop cette Relation, j'y aurois, pour prouver ce que je viens de dire, inseré les Lettres que nous avons eu l'honneur de recevoir de ce Ministre charitable, & celles que nous avons pris la liberté de luy écrire, & par la lecture de ces Lettres on verroit son exactitude & son attention pour faire réüssir notre negociation ; mais j'espere que le Lecteur voudra bien m'en croire sur ma parole, & se contenter de la copie de la premiere Lettre qui a été écrite au Reverend Pere Vicaire General de la Congregation de Paris de l'Ordre de la Mercy au sujet de la Rédemption. J'ay transcrit cette copie sur l'original.

A Versailles le 26. Mars, 1704.

LE Pere Blandiniere est en relation avec moy depuis quelque temps sur la negociation à faire pour le rachat des François Esclaves dans les Etats du Roy de Maroc. La conjoncture qui paroît plus favorable qu'elle n'a encore été pour la faire réüssir, m'oblige à le presser de s'expliquer sur les fonds que votre Ordre pourvoit y employer, & sur les Religieux choisis pour le remplacer, s'il ne pouvoit y aller. Il me mande qu'il ne peut me répondre que pour sa Province, & que celle de Paris n'est point encore entrée dans la negociation; Je croyois cependant que pour ne point perdre de temps, il se feroit concerté avec vous, & qu'en parlant au Roy sur ce sujet, je rendrois compte à Sa Majesté des dispositions des Provinces de votre Ordre dans le Royaume. Je luy ay fait cette observation & marqué de vous informer de ce qui s'est passé jusques à présent pour éviter tout retardement. Le Consul de Salé mande qu'il a été appellé à Miquenez, & que le Roy de Maroc demande les Religieux pour lesquels il a accordé un Passeport; j'ay jugé devoir vous en écrire pour sçavoir si votre Province peut se joindre à celle de Guïenne pour faire ce rachat, quel fonds vous avez ramassé, & dans quel temps vous pouvez faire partir un Religieux pour accompagner le Pere Blandiniere, ou autre. Il faudra qu'ils prennent la route d'Espagne pour se rendre à Cadiz, d'où ils passeront à Salé ou à Ceute, ainsy qu'ils l'estimeront plus à propos suivant les avis qu'ils trouveront sur les lieux. Je vous prie de me faire votre réponse le plutôt que vous pourrez.

Ainsi signé, PONTCHARTRAIN.

La réponse à cette Lettre fut conforme aux intentions du Ministre, puisque je partis de Paris avec mes Collegues le Mardy 22. Avril de la même année 1704. comme je l'ay dit dans le premier Chapitre.

Au mois de Fevrier 1705. un Esclave François, nommé Pierre Morel, natif d'Ambon Diocese de Vannes, qui avoit été délivré par une voye extraordinaire, arriva à Cadiz; comme je faisois pour la Province de Bretagne, je ne sçus pas plutôt son arrivée que je pris soin de luy, & après l'avoir nourri pendant son sejour en cette Ville & l'avoir habillé de pied en cap, je luy donnay une Lettre de change de 300. liv. à prendre sur le sieur Pierre Lory notre Receveur general des aumônes de cette Province & Marchand Banquier à Nantes, tant pour l'assister que pour le dédommager d'une partie de son rachat, qui n'avoit pas monté fort haut, veu sa vieillesse, je le fis ensuite embarquer sur un Vaisseau François, nommé le Comte de Toulouse, qui partoit pour Nantes, & qui y arriva heureusement. Dans ce même temps arriva un autre Esclave nommé Barthelemi Monginot, natif de la Ville d'Agde; le

Pere Forton étoit convenu avant que de sortir de Salé, de payer pour son rachat la somme de cinq cent Piastres, & il avoit donné pour caution un Marchand François y demeurant, nommé Jean-Baptiste Brouillet; cet Esclave étoit Patron d'une Cetie qu'il avoit fretée à Cadiz pour porter des poudres & autres munitions de guerre à Oran, Ville appartenante pour lors au Roy d'Espagne, & située sur les côtes du Royaume d'Alger; à la sortie du Détroit de Gibraltar, il fut attaqué par deux Galeotes de Tanger, & après un rude combat, il les força de se retirer; mais le feu s'étant mis ensuite aux poudres, dont la Cetie étoit chargée, ces deux Galeotes revinrent sur luy & le prirent sans peine; son équipage fut fort maltraité dans cette occasion, & une blessure que ce Patron reçut à la main gauche, dont il fut estropié, facilita dans la suite sa délivrance, cette blessure le rendant inutile aux travaux du Roy de Maroc.

CHAPITRE VI.

RETOUR d'un des Peres Députez de Paris à Cadiz. Voyage inutile à Miquenez du Consul de France de Salé au sujet de la Redemption. Rachat de deux François Esclaves de Mouley Mahamet fils du Roy de Maroc. Revolte de ce Prince contre son Pere. Cruauté de Mouley Asser, autre fils du Roy de Maroc. Déroute de Mouley Mahamet, sa prison, son supplice. Superstition des Maures à l'égard des parens de Mahomet. Cruauté de Mouley Zidan Heritier présomptif de la Couronne. Sa revolte contre son Pere. Artifice du Roy de Maroc pour étouffer cette revolte. Mort violente de Mouley Zidan. Cause de sa revolte. Les Peres Députez s'adressent à l'Alcaïd Ali Ben Abdalla Viceroy des Algarves de Barbarie, au sujet de leur Nego-

ciation. Redemption des Esclaves Genois. Adresse d'un Patron d'une Tartane Françoise. Avarice sordide du Roy de Maroc. Mauvaise foy de l'Alcaïd. Fuite d'Esclaves François par le moyen des Maures Metadores.

LE Pere Forton ayant fini ses affaires à Paris, revint à Cadiz au mois de Juillet, & il nous informa plus particulierement de tout ce qu'il avoit fait. Quant au Pere Toëri, il resta en France, l'état de sa santé ne luy permettant pas de retourner en Espagne; santé que la fatigue du Voyage avoit alterée, & que ce Pere n'a jamais pû depuis parfaitement rétablir. Avant notre depart de Miquenez nous étions convenus avec les deux Ministres du Roy de Maroc, que le sieur Perillié seroit informé de tout ce qui auroit été resolu à Paris au sujet de la demande faite par ce Prince de trois Maures pour un François, & qu'il retourneroit en cette

Ville Royale pour prendre avec eux des mesures conformes à ce qu'il auroit appris. En execution de ce projet, nous écrivîmes tous trois à ce Consul pour l'instruire de tout, & nous luy marquâmes que, vû l'impossibilité où nous étions de donner trois Maures pour un François, parce qu'il n'y en avoit pas assez sur les galeres de France pour fournir le nombre necessaire, il pouvoit promettre au Roy de Maroc de notre part tous ses Sujets Esclaves sur les galeres de France, & cent piastres par tête à la place de ceux qui manqueroient pour acomplir ce nombre ; que par ces offres nous satisfaisions pleinement à la demande de ce Prince de trois Maures pour un François ; qu'outre cela nous ferions toutes les autres dépenses necessaires dans de pareilles occasions, & que nous esperions que le Roy de Maroc trouveroit notre proposition raisonnable ; qu'ainsi il nous feroit plaisir de retourner à Miquenez,

nez, pour faire à ce Prince cette proposition de notre part, & de nous mander si elle luy seroit agreable, afin que nous pussions faire un second voyage en ce païs-là, avec esperance certaine d'achever ce que nous avions commencé dans le premier. Comme il nous fallut attendre la premiere commodité d'un Bâtiment qui allât à Salé, cela fut cause que le sieur Perillié ne pût partir pour Miquenez qu'au commencement du mois de Decembre avec les presens que nous luy avions envoyez, tant pour le Roy de Maroc que pour ses Ministres. Le séjour que ce Consul fit dans cette Ville Royale de plusieurs mois, ne servit qu'à exercer sa patience & la nôtre ; en effet ce Prince & ses Ministres l'entretinrent toujours de bonnes paroles & de belles promesses, mais sans aucune décision ; de sorte qu'il fut contraint de s'en revenir à Salé aussi avancé à la fin qu'au commencement de sa negociation, quoique plus con-

N

vaincu qu'il n'étoit auparavant du génie & de la Politique de la Cour de Miquenez.

Pendant tout ce tems-là nous ne demeurâmes pas à Cadiz sans rien faire en faveur des Captifs; nous avions sçû, étant à Miquenez, que Mouley Mahamet, un des fils du Roy de Maroc, & qui de Gouverneur du Royaume de Sous s'en étoit fait reconnoître Roy par les peuples, avoit en son pouvoir trois François, qui, étant Esclaves de ce Prince revolté contre son Pere, ne pouvoient pas par consequent entrer dans la Redemption generale. Nous prîmes donc la resolution de racheter ces trois infortunez, & nous écrivîmes pour cet effet au sieur Barthelemi Virgile Marchand François demeurant à Sainte Croix de Barbarie, Ville & Port du royaume de Sous, & ainsi appellée par les Portugais, lorsqu'ils en étoient les maîtres; mais que les Maures nomment autrement. Nous le priâ mes d'aller à Taroudante Capitale de ce Royaume, pour y travailler au rachat de ces trois Esclaves sous la caution du sieur Pierre Fontaine Marchand François demeurant à Cadiz, qui écrivit de concert avec nous. Ce Marchand alla à Taroudante, mais il ne pût obtenir la liberté que de deux, sçavoir de Charles Eliot natif de Honfleur en Normandie, & de Jean Broquier natif de Toulon en Provence ; j'eus le malheur que Mouley Mahamet ne voulut jamais consentir au rachat du troisiéme nommé François Thomas, natif de l'Isle de Brehas, diocése de Dol en Bretagne, parce qu'il l'avoit fait Intendant de sa Maison, & que pour lors il en avoit tant de besoin, qu'il ne pouvoit luy donner la liberté ni pour or ni pour argent ; il se contenta donc de promettre que dans quelques années il le renvoyeroit libre, sans rien exiger de luy. Les deux Esclaves rachetez coûterent chacun quatre cent vingt

Piastres, & étant arrivez à Cadiz, ils s'embarquerent sur deux Vaisseaux François, dont l'un alloit à Nantes, & l'autre à Toulon.

L'Histoire tragique de ce Prince revolté merite assez la curiosité du Lecteur, pour trouver place dans cette Relation. Mouley Ismaël Roy de Maroc avoit sur la fin de l'année 1699. donné à son fils Mouley Mahamet le Gouvernement du royaume de Sous, après l'avoir ôté à l'Alcaïd Melet Ben Abdalla, qu'il fit ensuite étrangler. Ce nouveau Gouverneur ayant pris dès le commencement de l'année 1706. le dessein de se faire reconnoître Roy par les peuples du païs, leur accorda certains Privileges qui produisirent tout l'effet qu'il pouvoit desirer ; ces peuples charmez, d'ailleurs de la douceur de son gouvernement, bien different de celuy de son Pere, & de plus le tenant pour un Saint, se trouverent tout-à-fait disposez à le proclamer pour leur Roy;

Ce Prince voyant leur favorable disposition, & même qu'ils l'incitoient à secouer le joug de son Pere, ne témoigna pas beaucoup de répugnance à faire ce qu'il souhaitoit encore plus qu'eux ; il se fit donc declarer Roy de Sous, & en cette qualité il s'empara de tous les revenus du Royaume. Mouley Ismaël ayant appris cette nouvelle, se servit de toute sa politique, & employa toute sa finesse pour faire revenir à l'obéissance ce fils revolté, & l'attirer auprès de luy ; mais ce nouveau Roy n'avoit pas fait une démarche de cette nature pour quitter si-tôt prise, & il répondit toujours à son Pere que les peuples l'ayant souhaité pour Roy, il croyoit ne luy faire aucun tort. Sur la fin de l'année ce Prince assiegea & prit Sainte Croix de Barbarie, & ensuite il défendit tout commerce avec les Etats du Roy son Pere ; il accorda plusieurs Privileges aux Marchands Chrétiens qui demeuroient dans cette Ville, & qui ne furent pas fâchez de cette revolution, parce qu'ils avoient pour lors tous les retours entre leurs mains; cette expedition finie, il se retira à Taroudante. Cependant Mouley Ismaël voyant que toute sa politique & toutes ses finesses avoient été inutiles, & de plus irrité que ce fils rebelle luy eût enlevé un convoy considerable, qui luy venoit de Guinée, en or, en argent & en Esclaves Noirs, resolut d'éteindre ce feu dès sa naissance, & pour cet effet il ordonna à un autre de ses fils, nommé Mouley Affet, qui étoit Gouverneur de Safli, de s'opposer à son frere & de marcher contre luy avant qu'il se fût fortifié davantage. En l'année 1701. Mouley Affet alla avec quatre mille hommes dans les montagnes de Sous, où il fit quelques ravages, qui ne firent qu'irriter les peuples contre son Pere, qui ensuite le fit venir à Miquenez pour conferer avec luy, & sçavoir le nombre des troupes dont il avoit besoin pour étouffer la rebelsion. Mouley Affet revint à Saffi avec quatre mille hommes de renfort, & qui joints aux autres luy firent une armée de huit mille hommes. En l'année 1702. il partit avec cette armée pour continuer la guerre contre son frere, dans l'esperance d'en venir plus facilement à bout; mais le Prince revolté accompagné d'un autre de ses freres, nommé Mouley Bensard, revolté comme luy, l'attendit dans les plaines de la Province de Haha; la bataille se donna, & Mouley Affet ayant été entierement défait fut obligé de s'enfuir à Saffi avec cinquante Cavaliers. Mouley Ismaël fâché de ce mauvais succès ôta le Gouvernement de Saffi à Mouley Affet son fils & le manda à Miquenez; mais la Reyne sa mere ayant fait sa paix, luy obtint le Gouvernement de Fez, & ce Prince se tua par désespoir quelque tems après d'un coup de fusil, un de ses Noirs ayant refusé de luy rendre ce service; les habitans n'en furent pas fâchez, parce qu'il ésoit haï de tout le monde à cause de sa cruauté; mais ils craignirent le ressentiment du Roy; cependant ce Prince ayant appris comme la chose s'étoit passée, se contenta de faire apporter son corps, & il le fit enterrer dans une espece de Chapelle qui fut bâtie exprès, & qui sert à present de lieu de refuge.

Voicy un trait de la cruauté de ce Mouley Affet. Le Roy de Maroc ayant dessein d'unir à ses Etats le Royaume d'Alger, déclara la guerre aux Algeriens, & se mit en campagne avec une nombreuse armée; les Algeriens avertis à tems de ce dessein se mirent aussi en campagne, la bataille se donna, & les Algeriens remporterent une victoire complette; ce Prince pensa être tué ou pris dans le combat, il laissa sa lance au pouvoir des ennemis, & il dut son salut à la vigueur de son cheval, qui aussi depuis n'a été monté de qui que ce soit, & a été soigné avec une attention proportionnée au service qu'il avoit rendu à son maître. Le Roy avoit nommé Mouley Affet pour être Gouverneur de Miquenez pendant son absence : ce nouveau Gouverneur ayant appris qu'Abdalla Ben Aïcha avoit amassé beaucoup de richesses, vint à Salé, & luy demanda une grosse somme d'argent ; cet Amiral luy ayant répondu qu'il n'étoit pas en état de luy fournir cette somme, le Prince luy fit donner des coups de bâton par ses Noirs pendant plusieurs jours avec une cruauté inouie : sa femme le prioit de faire cesser ces tourmens en donnant satisfaction au fils du Roy ; les Marchands Chrétiens luy conseilloient la même chose, mais toujours inutilement ; enfin on luy donna *la saba*, c'est-à-dire qu'on luy ceignit la tête avec un cercle de fer garni de pointes en dedans qu'on serroit avec une viz ; ce tourment fut si horrible qu'il se trouva tout plein de sang, & les yeux luy sortoient de la tête. Pour lors il se rendit, & à la sollicitation des Marchands Chrétiens auprès du Prince, il en fut quitte pour cinq quintaux d'argent, chaque quintal valant cinq mille francs monnoye de France. Cette affaire est arrivée quelques années avant notre premier depart de France pour la Redemption, peu de tems aprés son retour de l'Ambassade de France. J'ay ouï dire au sieur Fabron, que toutes les fois qu'il alloit voir Abdalla Ben Aïcha, il étoit contraint de se boucher les narines, étant à une certaine distance de luy, à cause de la puanteur qui sortoit de son corps; en effet, comme cet Amiral étoit grand & gros, par consequent fort charnu, on luy coupoit de gros morceaux de chair pourrie, & c'est ce qui causoit cette puanteur; aussi les Noirs n'avoient pas épargné leurs bras, lorsqu'ils luy donnerent les coups de bâton. Cette Tragedie ne servit qu'à faire voir la cruelle avidité de l'un & l'opiniâtreté de l'autre, qui auroit pû s'épargner de si cruels tourmens, en compofant d'abord avec le Prince.

Mouley Mahamet enflé de fa victoire conçut le deffein de détrôner le Roy fon Pere, & pour en venir à bout il affembla des troupes confiderables. En l'année 1703. il affiegea la ville de Maroc, qui eft la Capitale du Royaume du même nom, & qui étoit la demeure ordinaire des Roys avant Mouley Archy. Après la prife de cette Ville, l'état de fes affaires demandoit qu'il poufsât plus loin fes conquêtes, & il feroit certainement venu à bout de fon deffein, s'il avoit voulu profiter de l'occafion favorable qui s'en prefentoit, parce que tous les peuples étoient difpofez à fe mettre fous fon obéiffance pour pouvoir fecouer le joug de la domination du Roy fon Pere, qui leur étoit infupportable; mais il ne fçut pas profiter de ces conjonctures fi avantageufes, & il en demeura là. Cependant Mouley Ifmaël, qui avoit crû que fon fils n'auroit pas la hardieſſe de paſſer les montagnes qui ſeparent le Royaume de Sous d'avec celuy de Maroc, le voyant maître de la Ville Capitale, aſſembla promptement une groſſe armée, & en donna le commandement à un autre de ſes fils nommé Mouley Zidan, qu'il avoit nommé pour luy ſucceder dans tous ſes Etats. Ce Prince commença par le ſiege de la ville de Maroc, après avoir obligé ſon frere de l'abandonner pour tenir la campagne; cette malheureuſe Ville fut repriſe trois mois après avoir reconnu pour Roy Mouley Mahamet, & elle fut traitée avec tant de cruauté, que depuis ce tems-là elle n'a pû ſe remettre. Mouley Mahamet voulut la ſecourir, mais il fut défait entierement, & forcé de s'enfuir dans les montagnes avec ce qu'il pût ramaſſer du débris de ſon armée. Mouley Zidan ſe contenta pour cette année de cet avantage, & il reſta à Maroc pour y aſſembler de plus grandes forces;

CePrince passa les montagnes en l'année 1704. & campa dans les plaines du Royaume de Sous ; son frere fit tout son possible pour l'obliger à repasser les montagnes, mais ce fut inutilement, & il ne pût l'empêcher de gagner peu à peu du terrain, & de luy débaucher plusieurs Grands du Royaume à force de promesses. Mouley Bensard l'autre fils revolté se mit en campagne avec le plus de troupes qu'il pût ramasser, & il eut le bonheur de défaire Mouley le Mamon un de ses freres qui commandoit un petit corps d'armée du côté du Royaume de Tafilet ; animé par cette victoire, il voulut éprouver s'il auroit le même bonheur auprès de Mouley Zidan, mais il fut forcé de se retirer après avoir été bien battu.

En l'année 1705. Mouley Mahamet voulant chasser son frere du Royaume de Sous, assembla une nombreuse armée & luy offrit la bataille, qui ne fut pas refusée ; c'étoit le coup décisif, auſsi le combat fut fort sanglant, mais la victoire se declara pour Mouley Zidan; il y eut quinze mille hommes de tuez du côté de Mouley Mahamet, & un grand nombre de prisonniers, entre lesquels se trouva l'Alcaïd Melek, qui luy avoit livré la ville de Maroc. Mouley Zidan envoya à Miquenez tous les prisonniers, & ce fut un agreable spectacle pour le Roy son Pere, qui fit scier en deux tout vif cet Alcaïd Melek, à commencer par le crâne, en sorte que les deux moitiez du corps de ce malheureux resterent l'une sur l'autre sur la place, jusques à ce que ce Prince eût ordonné de les ôter; le Cady de Maroc fut étranglé avec plusieurs autres; il y eut une vingtaine des principaux, à qui on scia la main droite & le pied gauche, & qui furent ensuite conduits en prison, & le reste fut jetté sur des crochets de fer pour y mourir de faim, avec défense sous peine de la vie de leur donner le moindre soulagement. Pour

Mouley Mahamet il fut obligé après sa défaite de se retirer à Taroudante pour s'y fortifier, pendant que Mouley Benfard tâcheroit de mettre sur pied une nouvelle armée. Mais Mouley Zidan voulant profiter de sa victoire prepara toutes choses pour mettre le siege devant cette Ville Capitale.

Mouley Ismael avoit envoyé à son fils revolté un autre de ses fils nommé Mouley Cherif pour le porter à se remettre dans son devoir. Ce Mouley Cherif voyant qu'il ne pouvoit en venir à bout, fit semblant de prendre son party, soit qu'il en fût convenu auparavant avec le Roy son Pere, en cas qu'il ne pût pas réussir, soit qu'il en fût sollicité par son frere, mais toujours dans le dessein de le trahir; cependant Mouley Zidan mit le siege devant Taroudante sur la fin de l'année, & les trois freres s'y enfermerent pour la défendre. Le siege fut long, & Mouley Benfard prévoyant ce qui

arriveroit, travailla à faire sa paix avec le Roy son Pere sans la participation de Mouley Mahamet, qui l'ayant sçû voulut le tuer, & le contraignit de s'enfuir dans les montagnes. Mouley Zidan ayant fait une breche considerable à la muraille de la Ville se prepara à donner l'assaut. Mouley Mahamet le reçut fort bien, & même le repoussa; mais dans la chaleur du combat étant sorti de la Ville pour poursuivre les ennemis, & voulant y rentrer, il trouva que Mouley Cherif en avoit fait si bien boûcher toutes les avenuës, que se voyant trahi il ne songea plus qu'à la fuite; mais il fut poursuivi vigoureusement par les Noirs du Roy qui l'atteignirent à une lieuë de la Ville. Ce Prince se défendit le mieux qu'il pût, tua même plusieurs de ces Noirs, parce qu'ils ne voulurent pas le blesser, & encore moins le tuer, comme ils l'auroient pû faire, & cela par un principe de leur Religion, qui défend de
maltraiter

maltraiter les parens de Mahomet; en sorte que celui qui en auroit tué un, commettroit un crime irremiffible en ce monde & en l'autre; & au contraire quand un de fes parents a tué un homme, le mort obtient auffi-tôt la remiffion de fes pechez, & à cette confideration Mahomet le fait entrer en Paradis. Ces Noirs s'aviferent donc de tuer fon cheval, & enfuite fe faifirent facilement de fa perfonne; ils le conduifirent à Mouley Zidan qui le reçut fort bien, & qui déplora fon malheureux fort; ils pleurerent l'un & l'autre, & les larmes effuyées, Mouley Zidan lui dit que puifque Dieu l'avoit mis entre fes mains, il ne lui feroit aucun mal, mais qu'il ne pouvoit fe difpenfer de l'envoyer au Roy leur Pere, luy promettant cependant de faire tout fon poffible pour obtenir fa grace; en effet il écrivit au Roy pour lui rendre compte de l'état des affaires, & pour lui apprendre qu'il avoit en fon pouvoir Mouley Mahamet son frere, & qu'il le lui envoyeroit inceſſamment ; mais en même tems il le pria de lui pardonner ſa revolte & de le remettre dans ſes bonnes graces. Mouley Iſmaël fort joyeux de ces nouvelles, répondit au Prince ſon fils pour le complimenter ſur l'heureux ſuccès de ſes armes, & il lui commanda en même tems d'empêcher qu'on ne fit aucun mal au priſonnier, puiſqu'il lui pardonnoit fort volontiers, & qu'il vouloit qu'on le lui envoyât avec une ſuite de Roy, parce qu'il lui feroit faire en cette qualité ſon entrée dans Miquenez; enfin il concluoit ſa lettre en diſant que ſon intention étoit de marier les deux fils de Mouley Mahamet avec deux filles de Mouley Zidan. Cette Lettre reçûe, les deux freres en eurent beaucoup de joye ; cependant la Ville de Taroudante fut priſe, & les habitans furent traitez avec la même cruauté que l'avoient été ceux de Maroc.

au Royaume de Maroc. 163

Mouley Mahamet partit pour Miquenez à la fin du mois de May en l'année 1706. avec une suite de 500. chevaux, mais il ne fut pas plûtôt en chemin, qu'il fut enchaîné sur sa mule, & il le fut pendant tout le voyage, ce qui fut pour lui de mauvais augure. Mouley Ismaël ayant appris que son fils étoit en chemin, sortit de Miquenez avec deux mille chevaux & mille fantassins, & alla jusques à la riviere de Beth, où il s'arrêta pour y attendre le prisonnier. Le 15. Juin l'entrevue se fit : Mouley Mahamet ayant sçû que le Roy son Pere étoit de l'autre côté de la riviere, fit arrêter son escorte, & se prépara à paroître devant lui; s'étant ensuite apperçu que le Roy avoit passé la riviere, il se fit déchaîner, descendit de sa mule, & alla baiser les pieds de son pere en demandant justice de Dieu. Mouley Ismaël luy ayant dit, Graces à Dieu, puisque je te vois encore ; ou, selon une autre

O ij

relation, sans luy rien dire, commanda aussi-tôt aux bourreaux d'éxecuter ce qu'il leur avoit ordonné. Ce Prince avoit amené avec luy le Capitaine des Bouchers de Miquenez & un Chirurgien, avec tous les instruments nécessaires & conformes à son dessein ; il avoit donné ordre à une trentaine d'Esclaves d'apporter une grande chaudiere, qui avoit été prise avec d'autres moyennes sur un Vaisseau de Nantes qui alloit à la Martinique, & en même tems une grande quantité de goudron, de poix & d'huile pour en faire un bain cruel, & y faire jetter son fils tout vivant; mais ce dessein ne s'éxecuta pas, parce que les Cherifs & les Talbes lui representerent qu'il ne pouvoit pas en conscience se servir d'un tel supplice contre son propre fils; il se contenta donc de luy faire couper la main droite & le pied gauche, sans vouloir écouter ses raisons, la main droite, parce qu'il avoit tiré l'épée contre luy, & le pied gauche, parce qu'il étoit monté à cheval contre son service. Après cette cruelle éxecution, il le laissa à quatre de ses principaux Alcaïds, à qui il commanda, sous peine de mort, de le mener en vie à Miquenez ; cet ordre donné, il se retira avec ses troupes, & étant de retour en sa Ville Royale, il fit faire quantité de pieux de fer pour y empaler tous ceux qui avoient été pris avec son fils, & on ne peut pas dire le nombre de ceux qui furent suppliciez. Ces quatre Alcaïds se trouverent fort embarrassez, parce que cet infortuné Prince perdoit beaucoup de sang ; ils banderent donc ses playes après en avoir bien étanché le sang, & une heure après ils le firent mettre sur un grand cadre porté par six hommes qui se relayoient de tems en tems ; de cette maniere ce Prince fut transporté à Miquenez pendant les six lieües qui se trouvent depuis l'endroit où se fit l'éxecution jusques à cette Ville Royale. Le lendemain le Roy, soit qu'il fût effectivement fâché de ce qu'il avoit fait, soit qu'il fit semblant de l'être, fit mourir les bourreaux qui avoient fait l'éxecution, comme s'ils s'étoient rendus coupables en obeïssant à ses ordres.

Mouley Mahamet ne fut pas plutôt arrivé à Miquenez, que la Reine Noire mere de Mouley Zidan vint lui rendre visite, ce qu'elle continua pendant tout le tems qu'il fût en vie; mais ce Prince sçachant bien qu'elle ne le faisoit que par politique, & qu'elle ne souhaitoit que sa mort, ne voulut jamais luy parler, & même il luy fit dire un jour qu'elle eût à se retirer, & que si elle le vouloit voir, elle devoit attendre qu'il eût perdu le jugement; qu'elle étoit une chienne, & qu'elle & ses fils meritoient la roüe. Pendant toute sa maladie, il ne voulut être assisté que par des Chirurgiens Chrétiens; & lorsque le Roy envoyoit sçavoir l'état de sa santé, il ne répondoit que par des imprecations contre luy, & en disant qu'il meritoit une mort plus cruelle que celle qu'il luy faisoit souffrir, mais qu'il esperoit que Dieu le vengeroit. On ne se soucioit gueres de ses réponses, parce qu'on n'avoit pas dessein qu'il en réchapât; il vécut treize jours après l'execution, & après avoir toujours fait paroître une grande constance & une fermeté extraordinaire, il mourut le 27. Juin sur le soir; son corps devint aussi-tôt extrémement enflé, & c'est ce qui donna lieu de juger qu'on avoit empoisonné ses playes; car sans cela on croit qu'il n'en seroit pas mort, parce qu'il étoit d'une forte complexion.

Les Marchands Chrétiens qui demeuroient à Sainte Croix de Barbarie, ayant eu nouvelle que Mouley Mahamet avoit été pris, & que Taroudante s'étoit renduë à Mouley Zydan, songerent à la retraite pour sauver leur vie des mains du vainqueur, qui assurément ne les auroit pas traitez favorablement ; on auroit commencé par les accuser d'avoir fait venir des munitions de guerre, & sous ce prétexte, qui pouvoit être veritable, on les auroit fait mourir. Tous ces Marchands étoient Protestans, & par consequent ils avoient commerce avec l'Angleterre & la Hollande ; il se trouva au port, par bonheur pour eux, un Navire & une Cetie, sur lesquels ils s'embarquerent avec tout ce qu'ils purent emporter avec eux, pour se refugier dans les Isles Canaries. Le Gouverneur de la Ville leur en donna la permission moyennant un présent de mille écus, & ensuite il se sauva dans les montagnes avec une escorte de cent chevaux. Peu de jours après les habitans le suivirent, & il ne resta dans la Ville que ceux qui ne purent fuir, de sorte que quand Mouley Zidan vint pour l'assieger, il ne trouva personne qui fût en état de

luy

au Royaume de Maroc. 169

luy refifter. J'ay vû & parlé à Cadiz à deux François renegats, qui s'étoient embarquez avec les Marchands, & qui revenoient des Ifles Canaries, où ils avoient laiffé leurs femmes, qui avoient fui avec eux.

Mouley Zidan refta dans le royaume de Sous pour achever de remettre tous les peuples dans l'obéiffance, & il feroit impoffible de dire le nombre de ceux qu'il fit mourir, fans épargner ni femmes ni enfans; mais en l'année 1707. le Roy fon pere s'étant apperçû qu'il s'emparoit de tous les revenus du Royaume fans luy en faire part, commença à entrer en foupçon & à craindre qu'il ne luy prît envie de fe revolter comme fon frere, & certainement toutes les apparences le pouvoient faire croire ainfi; En effet le Prince las de maffacres & content des trefors qu'il avoit amaffez, avoit fait publier que tous ceux qui voudroient venir s'établir dans Taroudante & dans Sainte Croix de Barbarie, feroient

P

les bien venus, & jouiroient de certains Privileges qu'il leur accordoit; par ce moyen ces deux Villes furent repeuplées en peu de tems. Les Marchands Chrétiens l'ayant sçû revinrent pour jouir de ces Privileges, & ils furent reçûs très-favorablement; mais ils avoient eu auparavant la précaution d'exiger une permission par écrit du Roy de Maroc, pour n'être point recherchez, ni inquietez dans la suite. Mouley Ismaël desirant donc aller au-devant du mal qui le menaçoit, feignit de vouloir tenir un grand Conseil au sujet des affaires du Royaume, & il manda Mouley Zidan, afin qu'il y assistât en qualité d'heritier présomptif de la Couronne ; mais il fit réponse qu'il ne pouvoit quitter le royaume de Sous, parce qu'étant nouvellement reconquis, sa présence étoit absolument necessaire pour retenir les peuples dans l'obéïssance; qu'ainsi il le prioit de le dispenser d'aller à Miquenez. Cette ruse n'ayant pas réussi le Roy en inventa une autre. Il feignit d'être malade & demeura plus de 40. jours sans sortir de son Palais; le bruit courut même qu'il étoit mort, & la nouvelle en vint jusques en France, où cette prétendue mort fut mise dans la Gazette; mais Mouley Zidan ne prit point le change, & il demeura ferme dans son Gouvernement. Enfin Mouley Ismaël voyant toutes ses finesses inutiles, & voulant se mettre l'esprit en repos, gagna quelques femmes de son fils, qui étoient mécontentes des mauvais traitemens qu'elles en recevoient quand il étoit yvre, & qui l'étranglerent lorsqu'il cuvoit son vin, parce qu'il en bûvoit avec excès tous les soirs. Ce Prince ayant eu nouvelle de la mort de son fils, en témoigna en apparence beaucoup de ressentiment, fit mourir les femmes qui avoient fait cette execution par son ordre, & il commanda qu'on apportât son corps à Miquenez, où il le fit enterrer dans une espece de Chapelle qui fut bâtie exprès, & qui sert à présent de lieu de refuge. La raison pour laquelle Mouley Zidan ne voulut point revenir à Miquenez, est qu'il étoit irrité du mauvais traitement fait à Mouley Mahamet son frere, contre la promesse qu'on luy avoit faite de pardonner à ce Prince infortuné; il avoit même conçu une horreur si grande contre le Roy son pere, qu'il avoit fait serment de ne le revoir jamais de sa vie. Mouley Benfard, qui avoit été remis en grace, fut envoyé Gouverneur dans le royaume de Sous, & tout le monde fut surpris de cette politique, que ce Prince obtint le Gouvernement d'un Royaume dans lequel il s'étoit revolté.

Pour revenir à notre negociation, dont ces histoires tragiques nous ont un peu écartez; nous n'eûmes pas plutôt appris que le Roy de Maroc, & ses deux Ministres n'avoient fait qu'amuser le Sieur Perillié, que nous prîmes la resolution de nous adresser à l'Alcaïd Ali Ben Abdalla, dont on a parlé cy-dessus. Comme nous sçavions que cet Alcaïd devoit partir dans peu pour Miquenez, & y porter au Roy les revenus de son Gouvernement & des presens considerables; nous jugeâmes à propos de profiter d'une occasion qui nous paroissoit si favorable pour nous asûrer si ce Prince vouloit permettre la Redemption, ou non. Nous écrivîmes donc à cet Alcaïd au mois de Juillet 1706, pour lui demander sa protection auprès du Roy son Maître, & nous lui marquâmes que s'il vouloit travailler au rachat de tous les Esclaves François, nous lui promettions deux cens piastres & un Maure pour chacun d'eux; de plus un present pour le Roy de Maroc & quatre mille piastres pour lui. Pour l'engager davantage dans nos interêts nous luy envoyâmes pour present une piece de drap écarlate & six pieces de toile de Bretagne; nous reçûmes sa réponse au mois d'Août, par laquelle il nous asûroit qu'il en parleroit au Roy, & qu'il feroit tout ce qui dépendroit de luy : esperant au reste réussir au rachat des Esclaves François, comme il avoit fait à celuy des Anglois & des Hollandois. Au commencement du mois de Septembre, il arriva à Cadiz deux Esclaves François, nommez Michel Baron, soy disant natif de Saint Malo en Bretagne, & Raymond Larbourie natif de la Ville d'Oleron en Bearn; ces deux Esclaves avoient été rachetez par la voye du sieur Estienne Pillet Marchand François demeurant à Salé. Ce Marchand avoit été chargé de la part de la Republique de Genes de travailler au rachat des Esclaves Genois, & pour cet effet on luy avoit envoyé des presens pour le Roy de Maroc, & ses Ministres, avec ordre d'offrir homme pour homme, & rien davantage. Il alla donc à Miquenez au mois d'Aoust, & il convint du rachat de dix-huit Esclaves Genois, moyennant 730. piastres par tête; en même tems il obtint au même prix trois Esclaves François, sçavoir les deux cy-dessus, & un troisiéme nommé René le Prêtre natif du Montouer diocese de Nantes en Bretagne; il n'avoit pas envoyé ce troisiéme avec les deux autres, parce qu'il vouloit auparavant prendre ses suretez, & recevoir réponse de la lettre qu'il m'avoit écrite à son sûjet; mais cette réponse reçûe, il le fit embarquer pour Cadiz. Le Pere Forton donna 300. piastres pour Raymond Larbourie, & moy j'en donnay 960. pour les deux autres, tous trois ayant satisfait au restant de leur rachat. Deux de ces Esclaves resterent à Cadiz pour s'y établir, & le troisiéme, sçavoir René le Prestre s'embarqua sur un Vaisseau François qui s'en retournoit à S. Malo.

Ces deux premiers furent en danger de retomber dans l'esclavage en revenant de Salé pour Cadiz après leur rachat. Ils s'étoient embarquez sur une Cetie commandée par le Patron Audibert. Ce Patron se voyant poursuivi par des Vaisseaux ennemis, força de voile pour doubler le Cap de Spartel, & il se refugia dans le Port de Tanger, il y jetta l'ancre en payant le droit ordinaire, & voulant insinuer par là qu'il venoit pour commercer. Nos deux Esclaves eurent le soin de se bien cacher, dans la crainte d'être repris & faits Esclaves de nouveau; ce qui seroit peut-être arrivé s'ils avoient été reconnus. Le Patron entra ensuite dans la Ville, & après y avoir séjourné quelques jours, il prit son tems pour lever l'ancre, & dressa sa route à toutes voiles pour Cadiz; il y avoit pour lors dans le Port de Tanger deux Tartanes Françoises commandées par les Patrons Jourdan & Achard, & qui étoient sur le point de partir. L'Alcaïd Ali Ben Abdalla ayant appris la manœuvre du Patron Audibert & écumant de colere de se voir trompé & privé des droits qu'il esperoit, fut au Port, commanda aux deux Patrons d'envoyer leurs Tartanes à la poursuite de la Cetie, avec ordre précis de la ramener; & pour s'assurer davantage, il les fit mettre en prison pour servir d'ôtages. Cet ordre ne put être executé, & les deux Tartanes s'en revinrent sans avoir rien fait, parce que le Patron Audibert se croyant poursuivi par deux Galeotes de Tanger, s'étoit jetté sous Tarifa pour se mettre en sûreté. Les Marchands François qui demeurent à Tetoüan, prirent fait & cause dans l'affaire des deux Patrons, & ayant menacé l'Alcaïd d'abandonner le païs, cet Alcaïd se trouva obligé pour son propre interêt de les remettre en liberté. J'ay vû depuis le Patron Jourdan, qui me parut d'autant plus mécontent, qu'il croyoit l'Alcaïd être un de ses meilleurs amis. Environ trois mois après l'arrivée de ces deux Esclaves, nous apprîmes qu'il avoit été tems de racheter Raymond Larbourie un des deux. Comme il demeuroit avec Honoré Boué (l'Esclave chez qui nous avions logé à Miquenez en 1704.) & que cet Esclave mourut subitement le 23. Octobre, il auroit été tourmenté pour sçavoir où étoit le tresor du deffunt, peut-être auroit-il peri dans les tourmens, pour le moins il auroit perdu l'esperance de sa liberté. Deux autres Esclaves demeuroient aussi avec Honoré Boué, dont l'un étoit François, & l'autre Portugais. Ces deux Esclaves furent donc mis à la question au sujet de ce tresor prétendu. Le François, nommé Joseph Franc, natif de Marseille, ne declara rien dans les tourmens, disant toujours qu'il ne sçavoit pas si le défunt avoit un tresor, & ensuite il fut condamné à demeurer enchaîné pendant trois mois dans une prison. Le Portugais, pour faire cesser les tourmens, déclara que Raymond

au Royaume de Maroc. 179

[Bar]bourie avoit emporté avec luy ce [tré]sor, & aussi-tôt il fut délivré ; mais [le] Roy de Maroc ayant appris la dé[cl]aration du Portugais, entra en furie, [&] envoya un ordre foudroyant au sieur [P]illet de faire revenir au plutôt à Mi[q]uenez cet Esclave racheté, sinon & [à] faute de quoy il luy répondroit per[so]nnellement de tout ce qu'on l'accu[so]it avoir emporté avec luy à Cadiz. [C]e Marchand eut beau representer que [c]ela luy étoit impossible, il ne pût ap[p]aiser ce Prince que par des presens ; [m]ais s'il eut du chagrin dans cette af[f]aire, il en eut encore un plus grand à [l'é]gard des Esclaves Genois. Il avoit [f]ait sçavoir à la Republique de Genes [q]u'il avoit racheté dix-huit Esclaves de [la] Nation sur le pied de 730. piastres [p]ar tête, & qu'il ne les avoit pû avoir [a]utrement ; mais il reçut pour réponse [q]u'il avoit eu tort de passer les ordres [q]ui luy avoient été donnez, & que la Republique le desavoüoit: ainsi les dix-huit Esclaves resterent à sa charge, & il fallut qu'il en payât la rançon au Roy de Maroc, qui ne voulut pas les reprendre, & luy donner à leur place des Esclaves d'une autre nation qu'en l'année 1716. comme on le verra dans la suite.

L'Alcaïd Ali Ben Abdalla ne put partir pour Miquenez qu'au mois de Mars 1707. Le Roy de Maroc n'ayant pas trouvé son present aussi considerable qu'il se l'étoit imaginé, luy fit une si mauvaise reception qu'il n'osa pas luy parler de l'affaire de la Redemption; cependant cet Alcaïd étant de retour à Tetoüan, nous écrivit pour nous marquer qu'il avoit parlé à son Prince de notre affaire, & qu'il n'en avoit point eu d'autre réponse, si ce n'est que cette affaire ne se pouvoit pas traiter par lettres; & qu'il falloit que nous vinssions à Tanger pour nous aboucher avec luy, puisqu'il avoit un plein pouvoir pour traiter avec nous; qu'ainsi nous pouvions partir incessamment, & qu'il esperoit que nous nous accommoderions ensemble : mais que si par malheur le contraire arrivoit, nous pourrions toujours nous en retourner quand il nous plairoit. Nous avions sçu par des lettres de Miquenez & de Salé que cet Alcaïd avoit été mal reçu du Roy de Maroc, & qu'il n'avoit osé parler de l'affaire de la Redemption ; c'est pourquoy nous n'eûmes pas beaucoup de peine à comprendre qu'il vouloit nous attirer à Tanger, & exiger de nous de gros presens ; nous luy fimes cependant une réponse fort honnête, & nous luy marquâmes que sa lettre nous ayant fait connoître que le Roy son Maître n'avoit pas accepté notre proposition de 200. piastres & d'un Maure pour chaque François, nous ne pouvions pas nous transporter à Tanger, parce qu'il nous convenoit auparavant de sçavoir au juste combien ce Prince demandoit, afin que si nous étions en état d'accepter sa demande, nous pussions partir avec

certitude d'obtenir la liberté de tou[s]
les Esclaves François; qu'autremen[t]
nous irions contre les ordres de no[s]
Superieurs, qui nous avoient com[-]
mandé de ne point retourner dans l[es]
Etats du Roy de Maroc, sans sçavo[ir]
auparavant la derniere volonté de c[e]
Prince. Nous ne reçûmes aucune r[é-]
ponse de notre lettre, & par ce silenc[e]
nous comprîmes encore davanta[ge]
que cet Alcaïd nous avoit voul[u]
tromper. Pendant ce tems-là il arri[va]
à Cadiz & à Malaga six Esclaves Fra[n-]
çois, qui s'en étoient fuis par le moye[n]
des *Maures Metadores* (on les appell[e]
ainsi par allusion à ceux qui font en[-]
trer en fraude à Cadiz des marchand[i-]
ses pendant la nuit, qui font sortir d[e]
l'argent contre les défenses, qui re[-]
çoivent des Marchands un tant pou[r]
leurs peines, & qui pour cela son[t]
nommez *Metadores*.) Nous avions v[û]
ces *Metadores* à Cadiz à leur retour d[e]
Madrid, où ils étoient allez pour s[e]
faire payer de ce qui leur avoit été pro[-]

pris par des Esclaves Espagnols, dont ils avoient facilité la fuite, & nous étions convenus avec eux de leur donner cent piastres pour chaque Esclave François, prix qu'il a fallu depuis augmenter de trente piastres par tête. Ces gens-là vont à Miquenez, & ayant fait habiller à la maniere du païs les Esclaves dont ils veulent faciliter la fuite, au nombre de deux ou trois pour le plus à chaque fois, ils les conduisent jusqu'aux forteresses que le Roy d'Espagne possede sur les côtes des Etats du Roy de Maroc; de là ils viennent avec eux jusques en Espagne pour recevoir le payement de la somme dont on est convenu, & ils s'en retournent ensuite chez eux par la même voye, ou par celle de Ceüta, qui appartient aussi à Sa Majesté Catholique, & qui est sur les mêmes côtes. Quand les Esclaves ont eu le malheur d'être repris en chemin & d'être ramenez à Miquenez, ils en sont ordinairement quittes pour la bastonade & pour être enchaînez en prison pendant trois mois, pourveu qu'ils soient seuls; mais quand les *Maures Metadores* ont été pris avec eux, pour lors il n'y a point de misericorde, & le Roy de Maroc fait tuer les uns & les autres, pour ne point faire de jalousie. Nous eûmes soin de contenter les *Metadores* qui avoient facilité la fuite des François; & comme avant notre depart d'Espagne en 1709. & en 1712. nous avions laissé les ordres necessaires, tant à Cadiz qu'à Malaga, pour asûrer leur payement; aussi ces *Metadores* nous en ont encore fait fuir trois depuis ce tems-là, sçavoir un en 1713, & deux en 1715. Deux autres Esclaves François arriverent aussi à Cadiz dans l'année 1707. dont l'un, nommé François Charpentier, natif de l'Isle d'Oleron diocese de Xaintes, s'étoit racheté pour mille piastres, & le Pere Forton le remboursa d'une partie de sa rançon; & l'autre, nommé Etienne Blanc, natif

de

de la Ciouta, diocese de Toulon, avoit eu la liberté moyennant la somme de 1700. livres, que nous payâmes conjointement tous trois, sans y comprendre un Esclave Maure que le sieur Jean Roux Marchand François de Salé avoit promis de faire venir à ses dépens. Ces deux Esclaves s'embarquerent sur des Vaisseaux François qui s'en retournoient en France.

CHAPITRE VII.

SECOND Voyage des Peres Députez dans les Etats du Roy de Maroc. Ambassade singuliere envoyée par ce Prince au Roy de Portugal. Sainteté d'une Esclave Portugaise. Les Peres Députez s'adressent à un Marchand François demeurant à Salé au sujet de leur négociation. Audience favorable donnée par le Roy de Maroc à ce Marchand. Traité fait pour un rachat general des Esclaves François. Second Passeport de ce Prince. Lettre des Esclaves François au sujet de cette audience. Depart de Cadiz pour Salé. Circonstance fâcheuse arrivée au sujet d'une Redemption d'Esclaves Espagnols. Promesse faite & executée fidelement. Remontrance vigoureuse faite au Roy de Maroc par un Talbe. Hypocrisie de ce Prince.

ON a veu jusques à present les peines que nous avons euës dans le premier Voyage pour tâcher de faire une Redemption generale de tous les François Esclaves dans les Etats du Roy de Maroc; mais on verra de plus dans le second quelle a été la mauvaise foy de ce Prince, l'avidité & la jalousie de ses Ministres au sujet du Traité fait avec nous par le moyen du Sieur Pillet, dont on a déja parlé. Comme il n'y avoit plus d'esperance de Redemption, nous nous déterminâmes à retourner en France, & nous étions sur le point de partir, lorsqu'un évenement qui nous parut favorable, nous fit rester pour voir si nous en pourrions profiter. Le Roy de Maroc avoit envoyé à Lisbone pour son Ambassadeur auprès du Roy de Portugal, un Esclave Espagnol nommé Joseph Diaz Maître des poudres, pour traiter avec Sa Majesté Portugaise du rachat des Esclaves Portugais. Ce Joseph Diaz étoit marié à Miquenez avec une Esclave Portugaise; cette femme avoit été très-maltraitée, parce qu'on voulut la forcer à renier fa Religion; mais quand le Roy de Maroc vit que tous les mauvais traitemens avoient été inutiles, il la donna à ce Maître des poudres, qui la luy avoit demandée en mariage, & qui la reçut toute couverte de fang & de playes. Nous avons parlé plusieurs fois à cette Esclave mariée, qui paſſoit pour une Sainte parmy les Esclaves Chrétiens Catholiques, & même elle étoit regardée pour telle par les Peres Recollets Espagnols du Convent de Mequenez, tant pour fa conſtance dans la Foy, que pour la vie Chrétienne qu'elle a toujours menée depuis ſon Eſclavage; elle avoit été priſe en allant à l'Iſle de Madere en qualité de Fille de chambre d'une Demoiſelle Portugaiſe, qui alloit s'y faire Religieuſe, & qui n'ayant pas eû la force de ſupporter les tourmens, de Religieuſe qu'elle devoit être, devint la concubine du Roy. Cet Ambaſſadeur de nouvelle création, qui ſe faisoit traiter d'Excellence, avoit conclu avec le Roy de Portugal un Traité pour un Rachat general des Esclaves Portugais, sur le pied de 360. piastres par tête, & une cinquantaine de Maures sur le tout, & il étoit de retour à Miquenez avec un present considerable que Sa Majesté Portugaise envoyoit au Roy de Maroc ; en consequence de ce Traité, il étoit arrivé à Larache une Cetie Genoise chargée d'épiceries, de tabac, & d'autres marchandises pour le prix de dix mille écus, & pour le compte de la Rédemption Portugaise ; mais dans la suite le tout fut employé, tant en faux frais, qu'en autres dépenses inutiles. Le Roy de Maroc & ses Ministres en eurent leur bonne part. Je diray en passant que ce Prince a encore envoyé ce Joseph Diaz pour son Ambassadeur en Angleterre, & qu'il luy donna deux cens piastres pour les frais de son Ambassade, avec ordre de faire des dépenses qui luy fissent honneur.

Les Esclaves François nous avoient mandé tout ce qui s'étoit passé à ce sujet, & même que le Sieur Pillet, qui avoit fait le Traité du rachat des Genois, entroit aussi dans celuy des Portugais; qu'ainsi nous ne pouvions mieux faire que de nous adresser à ce Marchand qui étoit fort aimé du Roy de Maroc, & qu'ils esperoient que par son moyen nous viendrions à bout de leur rachat; que même ils luy avoient écrit à ce sujet, & qu'il leur avoit fait réponse que si nous voulions luy donner les pouvoirs necessaires, il travailleroit avec plaisir à leur liberté. Nous concertâmes ensemble sur ce que nous devions écrire à ce nouveau Ministre de la Rédemption, & nous convînmes qu'il falloit luy marquer ce que les Esclaves François nous avoient mandé à son sujet, que s'il étoit vray qu'il voulût s'employer serieusement dans notre affaire, nous luy promettions 300. piastres un Maure pour chaque François. Votre Lettre étoit dattée du Mardy 6e. Fevrier 1708. & nous reçûmes la réponse le Mercredy 4e. Avril; il nous manda qu'il avoit fait réflexion sur notre proposition au sujet du rachat general des Esclaves François; qu'il avoit jugé à propos de communiquer l'affaire à l'Alcaïd Gazi, qui étoit en faveur auprès du Roy, & que cet Alcaïd luy avoit promis sa protection; qu'il en avoit encore parlé à Abraham Meïmoran le Juif du Roy, & que ce Checq des Juifs devoit s'engager envers ce Prince pour tous les Esclaves François sur le pied de 300. piastres, & d'un Maure par tête; mais qu'il vouloit avoir pour sa peine un régal de trois mille piastres, & qu'au surplus on ne luy donneroit pas un sol que tous les Esclaves ne fussent en mer; enfin qu'il falloit faire un present de mille piastres à l'Alcaïd Gazi, deux autres de cinq cens piastres chacun pour Abdalla Ben

Aïcha & Cidi Achmet el Andaloüs, & fournir encore deux mille piastres tant pour le present qu'il conviendroit faire au Roy de Maroc, quand on auroit audience de luy, que pour les autres Ministres de ce Prince; que si toutes ces conditions nous agréoient, nous eussions à luy envoyer les ordres nécessaires, & qu'il esperoit avoir un succès favorable. Nous luy écrivîmes en réponse pour l'assûrer que nous nous accordions à toutes ces conditions, & nous luy envoyâmes tous les pouvoirs nécessaires pour finir cette grande affaire de la Rédemption; notre Lettre reçuë, il partit avec un présent pour se rendre à Miquenez, & le Mardy 8e. May il eut audience du Roy de Maroc. Ce Prince le reçut très-favorablement, & luy dit, que puisque les François s'étoient adressez à luy, il vouloit à sa consideration leur donner la liberté; l'audience finie, il convint avec Abraham Meïmoran du ra-
cha;

hat des Esclaves au prix que nous luy avions marqué, & ce Juif s'engagea de faire bon au Roy de la somme promise & du retour des Maures, après quoy il luy fut permis de prendre tous les Esclaves François, comme étant à luy, & d'en disposer comme d'une chose à luy appartenante. Il est certain, au moins il le faut croire ainsi, que si ce Marchand avoit voulu dans ce tems-là se charger de tous les Esclaves François, comme il auroit dû & pû faire sans courir aucun risque, notre affaire étoit finie, & nous aurions eû le bonheur de les amener en France; mais par une méfiance hors de saison, ou par une crainte mal fondée, il fit representer au Roy qu'il ne vouloit se charger de personne, & qu'il nous écriroit pour nous informer de tout ce qui s'étoit passé, & nous mander que nous eussions à venir incessamment à Miquenez avec un présent pour prendre les Esclaves de sa main; ce

R

que ce Prince luy accorda, & sur le champ il fit expedier un Passeport pour nous; ce Passeport étoit en langue Arabe, comme l'autre, mais different dans ses expressions, ainsi que l'on verra par la traduction suivante en François.

Graces à Dieu seul : Que la puissance du Dieu très-Haut me soit en aide; Que Dieu donne victoire & facilite les conquêtes au serviteur de Dieu, à celuy qui se confie en Dieu, à celuy qui est tout dévoué à ses commandemens, à nôtre Maistre le Prince des Croyans, & le Guerrier pour l'amour du Dieu des Créatures.

La place du Sceau.

A Tous les Religieux charitables, les Députez pour le rachat des Captifs François; la paix sur celuy qui suit la voye droite. Le present Passeport reçû, nous vous mandons que vous passiez par le Port de Salé (que Dieu le garde & le délivre) pour venir à notre présence haute en Dieu, avec la sauve-garde de

Dieu sur vous & sur vos épaules, & sur vos biens & effets, & sur tous ceux qui viendront avec vous; & vous ne trouverez de notre part, avec l'aide de Dieu, non tout bien; & que cet écrit beni soit entre vos mains pour sauve-garde en votre entrée & en votre sortie; & aussi nous mandons à notre serviteur le Gouverneur du Port de Salé, que Dieu garde, qu'il vous reçoive bien, & qu'il ne donne aucun empêchement ny à vous, ny à ceux qui viendront avec vous, soit à l'entrée, soit à la sortie, ayant ordre d'avoir égard à l'entiere sauve-garde que vous avez ; au 23. de la Lune de Rabig. de l'Egire 1120.

Nous reçûmes ce Passeport avec une Lettre du Sieur Pillet, & une autre qu'il avoit fait écrire aux Esclaves françois, & dont voicy la copie conforme à l'original que j'ay en ma possession.

A Miquenez ce 8. May 1708.

NOS REVERENDS PERES.

CE jourd'huy Monsieur Pillet étant venu en cette Ville, a parlé au Roy

196 *Relation de trois Voyages*
touchant notre Redemption, dont il luy[?] octroyé sa demande, graces au Seigneur il nous a tous livrez à faire de nous tout ce qu'il luy plaira; ainsi pour confirmation à la sienne qu'il vous écrira, nous nous sommes voulu donner l'honneur de vous faire la presente pour & celle fin que vous n'en douriez; c'est ce que nous avons à vous dire, sinon que nous esperons, Dieu aidant, à vous embrasser & remercier tous vos charitables soins que vos Reverences y ont porté, attendant nous sommes les plus soumis de

{ Vos très-humbles
& très-obéissans &
affectionnez servi-
teurs les pauvres
Captifs François

Ainsi signez, *Aimé Daunis* Majordome, *G. Cavelier*, *Louis Bley*, *Servian Brouquier*, *C. Jehanaux*, *Adrian Basile*, *P. Gibelin*, *S. d'Acquerette*, *H. Requier*, *Denis Moyon*, *Jean Guillot*

Faisant pour le restant de tous.

La Lettre du Sieur Pillet étoit plus circonstanciée ; ce Marchand nous marquoit qu'il avoit eû une audience très-favorable du Roy de Maroc, qu'il avoit obtenu la liberté de tous les Esclaves François, que ce Prince les avoit laissez à sa disposition ; qu'ainsi il ne tenoit qu'à nous de mettre la derniere main à leur bonheur par notre prompte arrivée à Miquenez avec un présent pour le Roy. Ces deux Lettres reçûes au mois de Juin nous causerent beaucoup de joye, & nous disposâmes toutes choses pour nous rendre incessamment à Salé ; mais nous ne pûmes partir que le Samedy 14e. Juillet sur la Tartane du Patron Guerin que nous avions frétée ; il faisoit un bon vent d'Est, mais un peu violent, & je dois bien m'en souvenir. Au premier voyage de Salé en 1704. je n'avois point payé le tribut à la mer Oceane, mais à ce second il me fallut payer pour deux fois ; ce tribut fut éxigé avec tant de

rigueur, que je ne fis que vômir pendant toute la journée, & jusques à ce
que j'eusse fait un corps neuf. Nous
fûmes cinq jours à faire le trajet qui
n'est que de soixante lieuës, à cause
du calme continuel, & nous abordâmes au port de Salé le Mercredi
18. La Barre se trouva bonne, & notre
Tartane la passa facilement. Nous fûmes reçûs comme à la premiere fois,
tout le rivage étoit remply de Chrétiens & de Maures, & nous prîmes
encore notre logement chez le Sieur
Perillié, qui étoit toûjours Consul
pour la nation Françoise.

A notre arrivée nous apprîmes
deux nouvelles qui nous donnerent
bien à penser. La premiere fut que
le Pere Diego de los Angeles Recollet Espagnol, & Superieur General
de la Mission de Miquenez, avoit racheté cent sept Esclaves de sa nation
pour le prix de dix mille coudes de
drap de Segovie, & avec promesse de
faire venir cinquante Maures Esclaves

au Royaume de Maroc 199

[e]n Espagne; ce ne fut pas cette Reemption qui nous fit de la peine, [b]ien au contraire, mais ce fut une [ci]rconstance fâcheuse dont elle fut [a]ccompagnée. Le Roy de Maroc [a]voit accordé à ce Pere la liberté de [1]00. Espagnols pour la quantité de [3]0. mille coudes de drap de Segovie, [&] un Maure pour deux Espagnols, [m]ais avec la restriction ordinaire qu'il [n]e prendroit que les plus vieux. Un [E]sclave qui, à cause de son grand âge, [p]ouvoit esperer d'être du nombre des [p]lus, s'en voyant cependant exclus, [&] qu'il y en avoit presque la moitié [q]ui n'étoient pas des plus vieux, alla [f]aire sa remontrance à Cidy Achmet [e]l Andaloussi, qui avoit été le principal moteur de cette Redemption, [s]ur l'injustice qu'il luy avoit faite de [n]e pas le mettre au nombre des rachetez, quoyqu'il fût fort vieux, & [l]e menaça d'en porter ses plaintes au Roy; mais se voyant rebuté, il ne manqua pas à sa parole; il se jetta

aux pieds de ce Prince pour luy demander justice, & il luy dit qu'il avoit été trompé dans le choix qu'on avoit fait des Esclaves, & que ce choix n'avoit pas été fait conformément à ses ordres, puisque luy, qui étoit le plus âgé de ceux de sa nation, ne s'y trouvoit pas du nombre ; à cet avis le Roy entra dans une colere des plus terribles, & il commanda qu'on luy amenât tous les Esclaves Espagnols qui avoient été choisis, afin de les éxaminer, & ensuite faire mourir tous ceux qui, à cause de leur jeunesse n'avoient pas dû entrer dans le nombre des deux cens. Cet ordre fut éxecuté avec toute la diligence possible, & ces pauvres gens furent amenez au Palais à moitié morts, tant à cause de la surprise dont ils avoient été saisis à cette nouvelle, que par les mauvais traitemens qu'ils avoient reçûs de leurs conducteurs. En effet ceux qui dans de pareilles occasions ont l'ordre du Roy, l'éxecutent avec tant de rigueur, afin de prouver le zele qu'ils ont pour accomplir les volontez du Prince, & ils conduisent les prisonniers avec tant de précipitation, que ces malheureux se trouvent dans un état pitoyable lorsqu'ils sont arrivez au lieu où ils doivent être menez. Ce Prince, qui n'avoit point envie de les faire éxecuter à mort, mais seulement de leur donner la peur, ayant sçû qu'ils étoient à la porte du Palais, les fit attendre quelque tems, & leur envoya ensuite le pardon; ils en furent donc quittes à meilleur marché qu'ils n'avoient pensé; mais ils s'en retournerent moins chargez qu'auparavant, parce que leurs conducteurs avoient eû le soin de les décharger de ce qu'ils avoient de meilleur. Il arriva à ce sujet une chose digne de remarque. Un de ces Esclaves Espagnols avoit sur luy un bon nombre de *metecals*, qui s'appellent autrement ducats d'or; un *metecal* est une piece semblable & de même metail que nos anciens écus d'or, avec cette différence qu'il y a dessus des caractères Arabes; cet Esclave se croyant près d'être mis à mort, mit toutes ces pieces entre les mains d'un Maure de ses amis, à condition que s'il mouroit, il luy en faisoit present; mais que s'il étoit assez heureux d'en rechaper, tout luy seroit rendu, & qu'il donneroit un tant pour le plaisir qu'on luy auroit fait. Cela fut éxecuté fidelement par le Maure, & il rendit le tout au Chrétien qui luy donna ce qu'il luy avoit promis.

Pendant toute cette tempête, le Pere Diego & Achmet el Andaloufi se cacherent pour se mettre à l'abry; le second fit bien de demeurer à couvert, parce que s'il avoit paru devant le Roy pendant l'orage, il y auroit infailliblement perdu la vie; mais le premier, qui fut sur le point de voir sa Redemption échouée, ayant sçu que ce Prince étoit appaisé, alla à son audience, & après quelques difficulez, il ne pût avoir que cent Esclaves pour le prix cy-dessus marqué, & de plus sept pour les présens qu'il avoit faits au Roy; mais toûjours avec cette restriction qu'il prendroit les plus vieux, & ainsi l'Esclave mécontent fut du nombre. A cette occasion le Roy de Maroc commanda qu'on luy amenât tous les Esclaves Chrétiens qui se trouvoient pour lors à Miquenez au nombre de près de huit cens, & il fut surpris d'en voir une si grande quantité, ne croyant pas en avoir tant. Il se trouva plus de quatre cens Espagnols, sans y comprendre les cent sept rachetez, deux cens Portugais, cent cinquante François, environ une vingtaine d'Italiens & six Hollandois. Ce Prince commanda aux Alcaïds qui étoient préposez à ses ouvrages, d'enchaîner les Esclaves un à un, & de les faire travailler en cet état. Cet ordre fut éxecuté le jour de Saint Pierre & de Saint Paul; mais cela ne dura pas long-tems, parce que ces

Alcaïds luy repreſenterent, que ces pauvres gens ne pouvant pas bien travailler ainſi enchaînez, les ouvrages ne ſe feroient pas à l'ordinaire : il trouva bon cet avis, & il revoqua ſon ordre plutôt pour ſon propre interêt, que pour le ſoulagement des Eſclaves ; mais il les laiſſa dans le nouveau travail où il les avoit condamnez, ſçavoir à découvrir les carrieres, à en tirer les pierres & à les mettre en état de ſervir aux bâtimens, parce qu'elles ſont néceſſaires pour faire des linteaux de portes, & pour les autres endroits où il en faut mettre pour ſoutenir les maiſons. Ce travail étoit extrêmement rude, & ſur tout en Eté, à cauſe des chaleurs qui ſont exceſſives en ce païs-là dans cette ſaiſon.

La ſeconde nouvelle fut, que le Roy de Maroc avoit ôté à la ville de Fez les Privileges dont elle jouiſſoit de tout tems, & la réduiſoit par là ſur le même pied des autres Villes. Ces Privileges conſiſtoient en partie, en ce que les habitans jouiſſoient d'une eſpece de liberté qui empêchoit ce Prince de les traiter comme des Eſclaves, & de faire enlever leurs filles pour les mettre dans ſon Palais, au nombre de ſes concubines. La privation de ces Privileges fut cauſe que les habitans de la ville de Fez, Capitale du Royaume du même nom, députerent le premier *Talbe*, qui en étoit comme l'Evêque, avec quatre autres *Talbes* des principaux, pour aller à Miquenez, & pour engager le Roy à rétablir cette Ville dans ſes anciens Privileges. Ce premier *Talbe* employa toute ſon éloquence pour réuſſir dans ſon deſſein; mais voyant que ce Prince faiſoit la ſourde oreille, & ſon zele s'enflammant, il commença à luy reprocher ſa vie, & à luy rappeller tout le mal qu'il avoit fait pendant ſon regne; il le traita de Juif & de Chrétien, en luy diſant qu'il ne meritoit pas de porter le nom & la qualité de *Muſſul-*

min, c'est-à-dire de fidele croyant; puisque toutes ses actions avoient été contraires à ce nom & à cette qualité. Le Roy fut surpris de cette harangue, & il avoit sujet de l'être, puisque de sa vie il n'en avoit point entendu une pareille; il demanda donc aux quatre autres *Talbes*, si c'étoit-là leur sentiment, & s'ils approuvoient ce qu'on disoit contre luy. Ces *Talbes* luy répondirent affirmativement, & l'assurerent qu'ils avoient parlé par la bouche de leur Maître, quoyqu'à l'exterieur ils eussent gardé le silence. A cette réponse ce Prince voulut se retirer; mais ce premier *Talbe* le retenant par son habit, luy ordonna de la part de Dieu de rester, & voyant qu'il prenoit son sabre pour se défendre, dans la crainte qu'on ne voulût attenter à sa vie: Je ne suis pas venu, luy dit-il, pour vous faire du mal, mais seulement pour vous exhorter à faire pénitence de tous vos crimes, & à vivre en meilleur *Mussulmin* que vous l'avez fait jusqu'à present. Je sçay que la démarche que je fais me coûtera la vie, mais je suis venu disposé à tout souffrir, & je mourray content, après avoir satisfait aux devoirs de mon ministere. Le Roy resta & écouta tout avec patience, se contentant pour lors de le renvoyer à Fez avec ses compagnons. En cela ce Prince préfera sa politique à son humeur fiere & cruelle, parce que ces *Talbes*, comme Prêtres de la Loy, sont en grande veneration parmy les Maures; mais quelquetems après il envoya à Fez quelques-uns de ses Alcaïds avec ordre de couper une jambe à ce premier *Talbe*, & de le condamner à une grosse amende; ce qui fut éxécuté, & la Ville paya l'amende pour luy; ensuite il fit partir des gens pour aller en Egypte y consulter les Docteurs de la Loy, & sçavoir d'eux, si en conscience il avoit pû priver la ville de Fez de ses Privileges; mais comme il ne faisoit tout cela que par hypocrisie, on croit qu'il aura donné des ordres pour empêcher que ces Envoyez ne reviennent jamais dans le païs, & en attendant il convoqua une assemblée de tous les *Talbes*, qu'il crut ou attachez à ses interêts, ou trop timides pour s'opposer à ses volontez, & le résultat de cette assemblée fut que le Roy étoit absolu dans tous ses Etats, qu'ainsi tous ses Sujets étant ses Esclaves, il avoit pû en conscience ôter les Privileges dont la ville de Fez avoit joui jusques alors. Ce resultat ayant été rendu public, beaucoup de familles de cette Ville, sous pretexte d'aller en pelerinage à un de leurs grands Saints, dont le tombeau est sur les frontieres du Royaume de Tremesen se retirerent dans le Royaume d'Alger pour s'y établir & se souftraire de la tyrannique domination de ce Prince, qui ne laissa pas de se ressentir de cette retraite, & qui donna de bons ordres pour arrêter celles qui pourroient avoir envie de faire la même chose.

CHAPITRE

CHAPITRE VIII.

ARRIVE'E à Miquenez. Presents pour le Roy de Maroc. Second audience donnée par ce Prince aux Peres députez. Il refuse d'éxecuter le Traité fait avec eux. Voyes tentées auprès des deux principales Reines, mais inutilement. Ordre du Roy de Maroc pour faire sortir de Miquenez les Peres députez. Menaces de faire mettre le feu à la maison où ils étoient logez. Indignation des Maures & des Juifs contre le Roy de Maroc. Cause de ces mauvais traitemens. Départ de Miquenez. Charité de deux Maures & du Reverend Pere Gardien du Convent des Peres Recollets Espagnols envers les Peres députez. Avantures arrivées pendant le chemin. Deux audiences données par le Roy de Maroc au Marchand François. Presens faits à ces deux Audiences.

S

CEs deux nouvelles nous donnerent donc bien à penser, & avec fondement, dans la crainte que le Roy de Maroc n'eût changé de dessein à l'égard du Traité fait avec nous pour un rachat general des Esclaves François, parce que ces deux affaires-là étoient arrivées après l'audience donnée au sieur Pillet ; cependant ce Marchand, qui étoit le principal moteur du Traité, le sieur Perillié & les autres Marchands François nous donnerent bonne esperance : les réponses que le Roy, l'Alcaïd Gazi & Abraham Meïmoran firent aux lettres qu'ils avoient reçuës au sujet de notre arrivée, nous confirmerent dans cette bonne esperance. Ce Prince faisoit au Gouverneur de Salé des reproches accompagnez de menaces, de ce qu'au lieu de luy écrire il ne nous avoit pas fait partir au plutôt pour Miquenez, puisqu'il sçavoit qu'il nous attendoit depuis long-tems; les deux autres manderent au sieur Pillet que tout étoit en bon état, & que nous eussions à venir incessamment. Nous nous mîmes donc en chemin le Mercredy 25. Juillet, & nous allâmes coucher auprès du Château de Finzara. Le Jeudy 26. nous dînâmes dans une petite maison abandonnée, & qui a été bâtie par ordre d'une Reine du païs; cependant elle ne consiste qu'en une petite cour fermée & une sale voutée; cette maison s'appelle *Darum Sultana*, la maison de la Reine, & elle ne paroît avoir été construite que pour s'y retirer en tems de voyage. Il y a auprès une riviere nommée Tenfelfet, que nous passâmes pour aller coucher à l'*Adoüar* de Melac-el-cubir. Le Vendredy 27. nous allâmes dîner à l'*Adoüar* de Ay de Lourma dans la grande caserne, dont j'ay parlé au premier Voyage en 1704. & nous y trouvâmes un des deux Esclaves Benedictins Portugais, nommé Pere Antoine, l'autre appellé Pere

Gregoire étant pour lors à Fez pour assister les Esclaves Chrétiens qui y demeuroient; il étoit venu accompagné de trois Esclaves François, qui nous reçûrent comme des Anges envoyez du Seigneur pour les tirer de la caverne des lions, & qui nous assurerent que le Roy de Maroc avoit toujours témoigné beaucoup d'impatience de notre arrivée, & qu'il étoit certainement dans le dessein de nous remettre tous les Esclaves François. Nous partîmes donc tous ensemble avec joye, & nous arrivâmes à Miquenez à l'entrée de la nuit; nous allâmes loger dans une maison joignante celle d'Abraham Meïmoran, & par consequent dans le quartier des Juifs; nous aurions pris notre logement dans la maison que nous avions occupée au premier voyage, si elle avoit été encore subsistante; mais l'Esclave qui l'avoit fait bâtir, étant mort subitement, comme je l'ay déja dit, le Roy de Maroc, qui vouloit profiter de sa dépouille, avoit fait abattre cette maison rez pied rez terre, & fouiller dans les fondemens pour y chercher le tresor du défunt, après avoir fait tourmenter cruellement les deux Esclaves qui demeuroient avec luy, pour sçavoir d'eux où étoit ce prétendu tresor. L'Alcaïd Gazi vint nous visiter quelque tems après notre arrivée, & demanda à voir les presens qui étoient pour le Roy; mais nous le priâmes de nous excuser, si nous ne pouvions pas les luy montrer, parce qu'il étoit trop tard, & que toutes les hardes étant en confusion, il n'y avoit pas d'apparence de pouvoir satisfaire sa curiosité.

Le Samedy 28. il vint de grand matin deux Alcaïds, pour nous avertir que le Roy nous attendoit pour nous donner audience. Cette nouvelle nous surprit agreablement, parce qu'elle nous donnoit lieu de croire que ce Prince vouloit executer de bonne foy le Traité fait avec nous,

Nous nous preparâmes au plus vîte pour cette audience, & tout étant prêt, nous nous rendîmes à la porte du Palais accompagnez d'Abraham Meïmoran, & des sieurs Perillié & Pillet; nous attendîmes quelque temps à la porte, & l'ordre du Roy étant venu pour l'ouvrir, nous rencontrâmes en entrant l'Alcaïd Gazi, qui nous dit d'abord que nous aurions mieux fait de venir avec le Pere Diego de los Angeles, pour faire conjointement avec luy la Redemption des Esclaves François & Espagnols; mais nous luy répondîmes que la Redemtion des François n'avoit rien de commun avec celle des Espagnols, & de plus, que nous n'avions pû nous rendre plutôt à Miquenez. Ensuite il voulut voir les presens destinez pour le Roy, & nous les luy montrâmes, quoique nous ne fussions pas trop contens de son compliment. Ces presens consistoient en trois beaux colliers de perles, sçavoir un de 2450. livres, un autre de 1400.

livres, & le troisiéme de 1050. livres, en un beau diamant de 2100. livres enchâssé dans une bague d'or, en une émeraude de 525. livres, & un topase de 210. livres, en une grosse pendule d'Angleterre de 300. livres, en douze coudes de drap écarlate pour 216. livres, en quinze belles paires de toiles de Cambray pour 737. livres, & en quatre mouchoirs de soye pour 12. livres 11. sols. Ce fut le sieur Pillet qui regla ces presens, tant pour la valeur que pour la qualité, & sans cela nous n'en aurions pas fait de si considerables; mais comme il nous avoit assuré que le Roy de Maroc souhaitoit avoir des perles & des diamans, & de plus que nous étions comme persuadez que ce Prince tiendroit fidelement sa parole, nous consentîmes à tout ce qu'il voulut comme étant notre Agent dans l'affaire de la Redemtion, & pour mettre encore davantage le Roy de Maroc dans nos interêts,

Le compliment de l'Alcaïd Gazi avoit été pour nous de mauvais augure ; mais quand nous vîmes au Palais Abdalla Ben Aïcha, cela nous fut encore d'un plus mauvais préſage & de fait, nous nous attendions que cet Alcaïd Gazi & Abraham Meïmoran nous conduiroient à l'audience, comme la raiſon le demandoit, puiſqu'ils étoient les Miniſtres de la negociation ; mais nous étant apperçus de la retraite de l'un & de l'autre, & qu'Abdalla Ben Aïcha prenoit leur place pour nous ſervir d'interprete, nous commençâmes à craindre un mauvais ſuccès de notre affaire ; cependant il n'étoit plus queſtion de reculer, & il fallut marcher. Le Roy de Maroc ayant appris que nous étions dans le Palais, donna ordre qu'on nous fit paroître devant luy ; nous traverſâmes une cour qui nous ſembla quarrée, & qui ſans exageration a un quart de lieuë tant en longueur qu'en largeur : en marchant nous vîmes de loin

loin une compagnie de *Mafagarins* en bon ordre, avec un fufil chacun fur l'épaule. Quand nous fûmes à cent pas du Roy, cette compagnie fe retira, & le Prince refta feul avec un *Talbe*, qui fe tint à fes pieds pendant toute l'audience, & cinq à fix de ces *Mafagarins* demeurerent auffi un peu au-deffus de luy; il étoit affis, à la maniere du païs, fur une efpece de parapet, qui pouvoit avoir trois pieds de hauteur & fix de largeur, & il étoit appuyé contre une muraille d'une hauteur prodigieufe, au long de laquelle ce parapet regne, & qui le mettoit à l'abry du Soleil. Quand nous fûmes à la vûë du Roy, nous fimes nos trois inclinations, & nous nous arrêtâmes à vingt pas de luy; mais ce Prince voyant que le Soleil étoit fort ardent, commanda qu'on nous fit approcher de luy, afin que nous fuffions à l'ombre, & nous nous rangeâmes tout proche le parapet vis-à-vis de luy, de forte que nous pouvions le voir à

T

notre aife. Ce Prince nous parut en bonne fanté, ayant le vifage long, mais cependant affez plein, le nez un peu aquilin & la barbe toute blanche qu'il n'avoit point cachée dans fon *haïque*, comme à l'audience de 1704. Son Turban étoit de differentes couleurs, de même que fa vefte fans manches; mais fur tout la couleur jaune dominoit, couleur qui eft pour l'ordinaire de mauvais prefage: quand il porte fon habit jaune, c'eft une marque qu'il eft en colere, & perfonne n'ofe paroître dans ce tems-là devant luy, auffi le porte-t'il exprès pour avertir par là qu'on ait à fe retirer & à fuïr de fa prefence; enfin il avoit des bottines de couleur jaune. Quand il vit que nous nous approchions de luy, il dit au fieur Pillet d'un vifage riant & par trois fois; *Tay Buon, Pillet,* Sois le bien-venu, Pillet; & lorfque nous fûmes proche de luy, nous luy fimes nos prefens. D'abord il mit les trois bagues à un doigt, & les trois colliers

[...]vant luy; le reste fut mis au-dessus [de] luy sur le parapet. Pendant toute [l'au]dience il baisa de tems en tems les [ba]gues, & en parlant il mania les col[lie]rs. Les presens reçûs il commença [à n]ous faire des reproches, en disant [qu]e les François, semblables aux An[gl]ois, étoient des gens sans parole, [qu]'il y avoit quatre ans qu'on luy avoit [pr]omis la liberté de quatre de ses Su[se]s Esclaves sur les galeres de France, [&] cependant qu'ils y étoient encore. [L]e sieur Perillié, que ce discours re[ga]rdoit particulierement, parce que [c']étoit luy, qui en qualité de Consul [de] France, s'étoit chargé de faire ve[nir] ces quatre Maures, répondit har[di]ment que ces reproches ne devoient [po]int se faire aux François, que la fi[dé]lité à executer leur parole étoit leur [pri]ncipal caractere, qu'ils se faisoient [un]e gloire & un point d'honneur de [l'ac]complir exactement; & qu'ainsi ils [ne] meritoient pas d'être confondus [av]ec les Anglois, dont il n'étoit pas

T ij

content, & qui avoient pû manquer aux promesses qu'ils luy avoient faites, mais que si les quatre Maures n'étoient pas encore arrivez, il ne devoit imputer ce retardement à un manquement de parole, puisqu'il y avoit trés long-tems qu'ils avoient leur liberté, mais plutôt au malheur de la guerre qui n'avoit pas permis qu'on les exposât sur mer, crainte qu'ils ne fussent pris par les Ennemis, & qu'ils ne perdissent une seconde fois leur liberté. Le Roy parut satisfait de cette réponse, & pour ne point se retracter, il se contenta de dire que les Anglois, au sujet de la fidelité à executer la parole, étoient encore pis que les François. Ce Prince voyant ses reproches devenus inutiles par la réponse du sieur Perillié, & ne voulant pas cependant executer le Traité fait avec nous, se servit d'un autre prétexte pour en éluder l'execution. Il nous dit donc que le Pere Diego venoit comme son Vassal luy apporter de tems en tems de gros presens, en consideration desquels il luy donnoit quelquefois des Esclaves Espagnols, & que le plus souvent il ne luy en donnoit point; mais pour nous, que nous voulions en une seule fois obtenir tous les Esclaves François, & que cela ne l'accommodoit pas. Nous vîmes bien ce que ce Prince vouloit nous insinuer par-là, mais nous luy répondîmes fort respectueusement que le Pere Diego faisoit ce qu'il jugeoit à propos pour l'interêt de sa Nation, mais que pour nous, nous étions venus dans ses Etats, munis de son Passeport, sous la bonne foy d'un Traité fait avec luy pour un rachat general des Esclaves François, & avec esperance qu'il executeroit de son côté ce qu'il nous avoit promis, comme nous étions tout prêts d'executer ce qu'il nous importoit de faire; au reste que s'il ne vouloit pas nous donner tous les Esclaves François, il eût au moins la bonté de nous en livrer une partie, & qu'avec cela nous nous en irions con-

T iij

tens ; à quoy il repliqua qu'il ne [pouvoit] pas, parce qu'il avoit prom[is] au Pere Diego de ne point consen[tir] à la liberté d'aucun Esclave, de que[lle] que nation qu'il pût être, que par [la] médiation du Cardinal Porto-Car[re]ro, & qu'il vouloit tenir sa parol[e] afin que ce Cardinal connût par[-là] qu'il étoit son ami, & qu'il faiso[it] beaucoup d'estime d'une personne [de] sa qualité. Il n'étoit pas difficile de d[é]truire une si foible raison, au[ssi] nous luy repartîmes que la médiati[on] du Cardinal Porto-Carrero pouvo[it] servir pour les Esclaves Espagnol[s] mais pour nous que nous ne croïo[ns] pas avoir besoin de cette médiati[on] pour les Esclaves François, qui étoie[nt] d'une nation differente de celle d[u] Cardinal. Le Roy se voyant poussé [à] bout, & n'ayant plus de prétexte [à] nous alleguer, se leva brusqueme[nt] après avoir donné les trois colliers [à] *Talbe* qui étoit à ses pieds, & qui l[es] reçut dans son *haïque*, & il nous [dit]

que le lendemain on parleroit d'affaires, & qu'il nous feroit payer les presens une fois plus qu'ils ne pouvoient
valoir; ensuite il marcha fierement,
sans quitter le parapet, du côté d'une
petite porte qui étoit à sa droite, &
par où il entra dans l'interieur de son
palais.

L'Audience étant donc finie, nous
nous retirâmes en faisant les trois inclinations ordinaires. Le Roy de Maroc, en nous quittant, avoit ordonné à Abdalla Ben Aïcha de nous faire
passer sous un beau berceau qui parta-
ge en deux la cour où se donna l'audience, afin que nous fussions à couvert de l'ardeur du Soleil. Ce berceau
étoit couvert de très-belles vignes,
qui faisoient un ombrage charmant;
il est un peu élevé, & il a une largeur
raisonnable, car pour sa longueur on
en peut juger par celle de la cour; il
est toujours fermé du côté de la grande
muraille, de laquelle il n'est éloigné
que pour laisser un chemin; mais de

T iiij

l'autre côté il rend dans des app[ar]temens qui vont à la Ville, & [où] Mouley Mahamet fut mis après l'e[xé]cution faite sur luy, & où il est mo[rt]. Il y avoit encore au bout de ce b[er]ceau & proche de ces appartemens [un] carrosse, dans lequel on le faisoit pr[o]mener pendant sa maladie; il n'[est] permis à personne, de quelque qu[a]lité que ce soit, d'y entrer sans la pe[r]mission du Roy, & on voulut no[us] faire valoir cette distinction comm[e] une grande grace, mais nous y fûm[es] peu sensibles, & cette prétendue gra[ce] ne nous empêcha pas de retourn[er] à notre logis fort mécontens [du] mauvais succès de notre affaire. L[e] Dimanche 29. nous allâmes dire [la] Messe au Convent des Peres Reco[l]lets, & nous ne nous y arrêtâm[es] point, dans la croyance que le R[oy] nous envoyeroit appeller; mais il [ne] vint personne de sa part; c'est ce q[ui] nous fit prendre la resolution de fai[re] agir la Reine Noire & la reniée A[...]

gloife, qui avoient beaucoup de pouvoir sur l'esprit du Prince. Le sieur Pillet trouva même le moyen de parler à la reniée Angloise pour la prier de nous appuyer de son credit. Elles nous envoyerent une femme Noire pour nous parler de leur part & nous assurer de leur protection; nous engageâmes cette femme Noire de les remercier pour nous, & même de leur marquer que nous ne serions pas méconnoissans si elles vouloient travailler serieusement pour notre affaire auprès du Roy; & de fait elles en parlerent à ce Prince, qui leur demanda si nous leur avions donné, comme à luy, de petites perles & de petits diamans; mais elles luy répondirent qu'elles n'avoient rien reçû de nous, & que ce qu'elles en faisoient, n'étoit que par charité & pour procurer la liberté aux Maures Esclaves sur les galeres de France, dans la croyance de faire en cela une action agréable à Dieu & à son Prophete Mahomet.

Comme nous efperions que ces deux Reines feroient quelque chofe auprès du Roy, & même animez par certains bruits qui coururent que ce Prince étoit dans la volonté de nous donner la moitié des Efclaves François, nous nous hazardâmes de demander une feconde audience, & nous difposâmes un nouveau prefent. Nous crûmes avoir cette audience le Jeudy 2. Août; mais le Roy n'étant point forti ce jour-là, il nous fallut attendre jufques au lendemain Vendredy, qui eft le Dimanche des Mahometans, & dans lequel ce Prince fort toujours pour aller faire fa priere à la grande *Gemme* de la Ville, & pour y prêcher en qualité de *Talbe*; nous avions préparé toutes chofes pour l'audience, lors qu'Abdalla Ben Aïcha & Achmet el Andaloufi vinrent nous fignifier de la part du Roy, que nous euffions à fortir inceffamment de Miquenez, finon & à faute de quoy ce Prince feroit mettre le feu à la maifon où nous étions logez, pour nous y faire brûler tout vivans. Ce compliment barbare nous surprit, mais il ne nous épouvanta pas, parce que nous étions assurez qu'on n'en viendroit pas à l'execution; en effet le Roy de Maroc n'a jamais violé les Passeports qu'il a donnez, & nous ne pouvions pas nous persuader qu'il voulût commencer par nous à les violer; nous nous déterminâmes cependant de nous retirer dans le Convent des Peres Recollets pour voir à quoy tout cela aboutiroit; mais le sieur Pillet nous ayant fortement representé que nous avancerions davantage nos affaires en obéïssant qu'en nous roidissant contre le torrent, & que notre départ luy donneroit occasion de parler à ce Prince pour sçavoir de luy la raison qu'il avoit euë de ne pas vouloir exécuter le Traité, & en même tems pour tâcher d'obtenir la liberté d'une partie des Esclaves François, nous nous rendîmes à ses raisons, & pour ne point irriter davantage le Roy; nous partîmes sur les quatre heures du soir pour aller coucher dans la grande caserne de l'*Adoüar* de Ay de Lourma; nous fûmes surpris à notre départ de remarquer sur le visage des Maures & des Juifs une espece de consternation, & même un esprit indigné contre leur Prince, de ce qu'il traitoit si indignement des Religieux qui étoient venus vers luy avec son Passeport & sous la bonne foy d'un Traité; ils ne purent s'empêcher de murmurer contre luy, & de le taxer d'imposture. Un Maure m'accostant, & me parlant en langue Espagnole, me dit que le Roy étoit un chien, & un Prince sans foy & sans parole; mais je me contentay de luy répondre que le Roy étoit le Maître dans ses Etats, & que nous devions nous resigner à la volonté de Dieu, qui le permettoit ainsi pour des raisons à nous inconnuës. Nous sçûmes depuis que le Roy avoit trouvé mauvais que nous eussions voulu nous prévaloir du crédit des deux Reines, que ce Prince avoit dit que nous le prenions pour une femme, & que c'étoit-là la raison pour laquelle il avoit donné un ordre si brusque, ne voulant pas d'ailleurs executer le Traité fait avec nous.

Deux Maures de Salé qui étoient venus avec nous à Miquenez, sortirent en même tems, & la suite fit voir qu'ils ne s'étoient mis en chemin que pour nous assister & nous faire part de leurs provisions, sçachant bien qu'un départ si précipité ne nous auroit pas donné le tems d'en faire; en effet ces deux Maures nous firent part le soir de ce qu'ils avoient apporté avec eux, & même ils nous prêterent une espece de grand tapis, pour pouvoir nous coucher dessus; le lendemain ils s'en retournerent à Miquenez. On peut dire que cette honnêteté fut un excès de charité, puisque Mahomet défend aux sectateurs de sa Loy, de faire du bien aux Chrétiens, & leur commande au contraire de leur faire tout le mal possible, s'ils ne veulent pas recevoir l'Alcoran. Pendant notre séjour à Miquenez, nous n'avions pas eu grande communication avec les Esclaves François, parce qu'ils étoient tellement occupez aux nouveaux travaux, dont j'ay parlé cy-dessus, qu'ils ne pouvoient qu'avec beaucoup de peine avoir la permission de nous venir voir; c'est pourquoy nous leur écrivîmes de cet *Adouar* de Ay de Lourma, pour les consoler, les exhorter à la patience & à la resignation à la volonté de Dieu, & leur promettre que nous ne les abandonnerions pas. Le Samedy 4. à dix heures du matin le Reverend Pere Gardien du Convent des Peres Recollets arriva avec son compagnon, & après nous avoir témoigné la part que luy & sa Communauté avoient prise aux mauvais traitemens que le Roy nous avoit faits, il nous fit present d'un mouton, de deux douzaines de pigeons ramiers, de plusieurs pains, d'un petit baril de vin, d'une bouteille d'eau-de-vie, & de fruit. Ce Reverend Pere, qui étoit un Religieux fort zelé pour les pauvres Captifs, très-honnête homme & fort spirituel, avoit bien préveu qu'un ordre du Roy si peu attendu ne nous auroit pas permis de faire aucunes provisions; Nous le remerciâmes très-affectueusement de toutes ses bontez & des soins charitables qu'il avoit eus de prévenir nos besoins, & nous luy témoignâmes notre reconnoissance de la part que luy & sa sainte Communauté avoient prise dans nos disgraces. Les provisions qu'il nous avoit apportées nous servirent bien pour le lendemain, car nous avions avec nous le sieur Perillié, les sieurs Soullard, Justamont & Leyton Marchands François de Salé, qui nous avoient accompagnez dans notre voyage, avec le sieur Blanc aussi Marchand François, mais qui étoit resté malade à Miquenez. Nous devions séjourner quelques jours en ce lieu, qui est très-

agreable, & qui étoit fort commode pour y attendre des nouvelles de ce que feroit le sieur Pillet; mais le feu s'étant pris au chaume qui couvroit l'endroit où se faisoit la cuisine, cet accident nous obligea de décamper le Lundy 6. de grand matin; & quoique le feu eût été éteint d'abord, nous jugeâmes cependant à propos de nous retirer, dans la crainte d'un plus grand malheur, & qu'il ne prît envie au Roy de Maroc de croire que cela s'étoit fait par dépit contre luy, & sur ce prétexte de nous faire arrêter comme des incendiaires; nous allâmes donc camper à trois bonnes lieuës de cet endroit, sur le bord & au de-là de la riviere de Beth, & nous y restâmes ce jour-là & le Mardy 7. Comme il faisoit fort chaud, il prit envie aux Marchands François de se baigner dans la riviere, & un d'entr'eux qui avoit eu le plus de peur dans l'accident du feu, & qui nous avoit le plus incitez à nous retirer, eut encore une autre peur à la
sorti

sortie du bain. Il étoit resté seul sur le bord, qui étoit un peu éloigné de notre camp, parce qu'il n'avoit pas été aussi habile que les autres pour se r'habiller, lorsque trois grands Arabes de l'*Adoüar* voisin vinrent à luy, en disant, *Sabor*, c'est-à-dire amy, & en mettant la main sur la poitrine, qui est leur maniere de saluer, parce qu'ils n'ôtent jamais leur bonnet; pour lors il se crut perdu, & pour appaiser des gens qui n'avoient aucun dessein de luy faire du mal, il leur fit un present de tabac pour fumer. Etant de retour à notre camp, il querella fort & ferme les autres de ce qu'ils l'avoient abandonné à la discretion des gens du païs; mais toute la satisfaction qu'il en reçut, fut d'être encore bien raillé sur sa terreur panique.

Pendant notre séjour en cet endroit, nous reçûmes deux couriers de la part du sieur Pillet, par lesquels il nous informoit du succès qu'il avoit eu dans les deux audiences que le Roy

de Maroc luy avoit données au sujet
de notre affaire, & à chacune desquelles il avoit fait un présent suivant
la coutume. Les deux présens consistoient en seize paires de toiles de
Cambray, pour 759. liv. en plusieurs
coudes de drap écarlatte, pour 585
liv. en 35. paires de toiles de Bretagne
pour 721. liv. 6. sols, & en deux émeraudes de 325. liv. chacune, sans y
comprendre d'autres présens faits aux
deux Reines & à d'autres Ministres du
Roy de Maroc, qui ne laisserent pas
d'aller à une somme considerable. A la
premiere audience, il y alla accompagné de 20. Esclaves François. Pour
sonder l'intention du Roy, il commença par luy representer vivement
que l'inexecution du Traité fait avec
luy alloit le ruiner sans ressource,
parce qu'il s'étoit engagé de supporter
tous les frais de notre voyage, & les
dépenses des presens à luy faits au sujet de la Redemption, si le malheur
vouloit que nous nous en retournas-

sions en France sans rien faire; qu'ainsi il le conjuroit de permettre au moins le rachat de la moitié des Esclaves François, afin d'empêcher par là sa derniere ruine; mais ce Prince, sans se laisser fléchir par ses prieres, & sans paroître touché de son malheur, luy répondit froidement que s'il perdoit dans cette occasion, il gagneroit dans une autre. Cette réponse ne rebuta pas ce Marchand qui luy presenta les 20. Esclaves. Le Roy les ayant regardez fixement, luy demanda ce qu'il vouloit faire de ces Esclaves, & sur la priere qu'il luy fit de vouloir bien luy en donner 10. pour les presens, & luy permettre de racheter les 10. autres à ses dépens, afin que les Religieux ne s'en allassent pas sans Esclaves, ce Prince luy repliqua qu'il vouloit donner en consideration des presens, quelque chose de plus considerable, & que pour cet effet il luy livroit les deux familles Françoises, qui étoient Esclaves, & le Capitaine Jean de Ha-

roſtegui; mais que pour les 10. qu[i]
vouloit racheter, il en demandoit [si]
mille piaſtres; ce prix luy paroiſſa[nt]
exceſſif, il ſe contenta de remerci[er]
le Roy du don qu'il luy avoit fait d[e]
deux familles Françoiſes & du Ca[pi]
taine, & il luy dit, que les Eſclav[es]
étant trop chers, il ne pouvoit l[es]
prendre à ce prix; après quoy il [se]
retira.

CHAPITRE IX.

HISTOIRE de deux familles Françoises Esclaves. Mauvaise foy du Roy de Maroc à l'égard de ces deux familles. Troisiéme audience refusée au Marchand François & pourquoy. Tragedie à la mode du païs. Coutumes des Maures pour préparer la terre à recevoir la semence. Danger où s'exposent deux Peres Deputez. Retour à Salé. Perfidie d'un Esclave François envers deux Maures Metadores. Danger où se trouve le Roy de Maroc d'être tué ou estropié; sa cruauté envers ses petits Gardes du Corps. Lettre envoyée à l'Esclave François au sujet de sa perfidie. Cause du mauvais succès de la seconde Audience. Voyes tentées par le moyen de deux Ministres du Roy de Maroc. Réponse impie du second, qui étoit un Renegat Espagnol.

L'HISTOIRE de ces deux familles Françoises est assez remarquable pour être rapportée dans cette Relation. Un François, natif de Martegues en Provence, étoit venu s'établir au Port de sainte Marie à deux lieuës de Cadiz ; cet homme étant mort, sa femme nommée Marguerite Bourdine, qui étoit fille d'un autre François demeurant depuis longtems dans ce Port, voulut s'en aller en France avec sa famille, qui étoit composée d'un garçon & de quatre filles; mais le Bâtiment sur lequel elle s'étoit embarquée ayant été pris par les Corsaires de Salé, elle fut menée captive à Miquenez avec ses enfans & l'équipage; quelque tems après elle eut le chagrin de voir renier deux de ses filles, dont l'une fut mise dans le Palais du Roy au nombre de ses concubines, & l'autre le fut de Mouley Zidan fils de ce Prince ; les deux autres furent sollicitées, & même on les tourmenta pour les forcer à suivre l'exemple de leurs sœurs, mais elles tinrent bon, & pour n'être plus exposées, elles se marié-rent avec deux Esclaves François, qui avoient été pris avec elles, sçavoir l'une nommée Honorate Chave à Etienne Coulon natif de Martegues, & l'autre appellée Magdeleine Chave à Philippe Vivant natif de Marseille. Le premier a eu deux garçons, dont l'aîné fut tué d'un coup de fusil à l'âge de 22. ans par Mouley Zidan; mais ce Prince qui avoit fait le coup dans l'yvresse, ayant cuvé son vin demanda où il étoit, parce qu'il ne pouvoit vivre sans luy, & ayant sçu que luy-même luy avoit ôté la vie, il entra dans un tel désespoir, que si on ne l'en avoit pas empêché, il se seroit donné la mort. Le cadet fut aussi tué malheureusement à l'âge de douze ans. Les Maures ont une espece de jeu, dans lequel un de la troupe ayant les yeux bandez, & tenant en sa main droite une demie pique, la pointe en bas, va pour la ficher dans un anneau; & comme cet anneau est un peu élevé, il leve sa demie pique, & en met le bout sur l'épaule gauche pour mieux assener son coup ; de sorte que quand il manque, il ne fait pas bon se trouver derriere luy. Ce pauvre garçon s'étant amusé un jour à regarder ce jeu, & ne prenant pas garde à luy, se trouva par malheur derriere un de ces joueurs, qui manquant son coup, le perça de part en part, dont il mourut quelque tems après. Le second, sçavoir Philippe Vivant, a eu plusieurs enfans, & il est mort en 1707. ayant laissé sa femme chargée de cinq garçons, & qui s'est remariée depuis notre départ avec un Esclave Espagnol, qui la demanda au Roy. Tous les enfans de ces deux sœurs ont été baptisez par le Reverend Pere Gardien du Convent des Peres Recollets de Miquenez & élevez dans la Religion Chrétienne.

A la seconde audience le sieur Pillet amena avec luy Jean de Haroftegui, & les deux familles, sçavoir la mere, ses deux filles, son gendre resté sans enfans, & les cinq garçons

garçons de Philippe Vivant. Le fils de cette bonne femme, nommé Jacques Chave, étoit mort quelque tems auparavant, étant employé au foin d'un Jardin que le Roy luy avoit donné pour fa nourriture & celle de fa mere. Ce Prince, qui vouloit encore manquer de parole à l'égard de ces deux familles, jetta d'abord les yeux fur les deux aînez de ces cinq garçons, dont l'un pouvoit avoir vingt-ans, & l'autre dix-huit : enfuite il demanda à la mere fi ces deux garçons étoient à elle, & elle répondit qu'oüy ; pour lors il luy dit que cela ne pouvoit pas être, parce qu'elle étoit trop jeune pour avoir des enfans fi âgez ; mais cette femme perfiftant à l'affûrer qu'ils étoient fes propres enfans, il l'accufa d'impofture, & luy permit de s'en aller avec les trois qu'il reconnoiffoit être à elle, mais qu'il vouloit abfolument que les deux autres reftaffent, parce qu'il ne pouvoit pas croire qu'elle en fût la mere; enfuite il deman-

X

da à la grand'-mere s'il n'y avoit p[as] une de ses filles dans son Palais, & ayant reçû une réponse affirmative[,] Pourquoy, luy dit le Roy, veux-t[u] l'abandonner? L'abandonner, luy re[s]partit cette bonne femme, helas! que bien luy puis-je faire, & n'est-elle pa[s] à un grand Prince qui est en état d[e] luy donner ce dont elle peut avoir be[soin] soin? Enfin le Roy s'avisa de de[man-]mander au sieur Pillet, pourquoy le[s] Religieux de la Redemption étoien[t] venus dans ses Etats, sans avoir un[e] Lettre de leur Roy. A cela ce Mar[-]chand répondit, qu'ils n'avoient pa[s] eu besoin de cette précaution, pui[s] que luy-même les avoit appellez, [&] en même tems il luy montra la Lettr[e] qu'il avoit reçûë de luy, & le Pass[e-]port qu'il nous avoit envoyé. Cett[e] réponse, à laquelle le Roy ne s'atten[-]doit pas, le surprit, & n'ayant rien [à] repliquer, il se retira tout en colere en disant: *Pellet, tu es un importu[n].* Le sieur Pillet se retira aussi, & e[n] s'en retournant il demanda à la mere des cinq garçons, quel parti elle vouloit prendre, & si elle souhaitoit s'en aller en liberté avec trois de ses enfans, puisque les deux aînez ne pouvoient pas avoir la leur. Cette mere desolée luy répondit, fondant en larmes, qu'elle souhaitoit avec ardeur la liberté & celle de ses enfans; mais que se trouvant necessitée de laisser les deux plus âgez dans l'esclavage, elle ne pouvoit se résoudre à une si cruelle separation, & d'ailleurs qu'elle étoit persuadée que ces deux délaissez se trouvant seuls, embrasseroient infailliblement la Loy de Mahomet, qu'ainsi elle aimoit mieux demeurer Esclave, que d'être la cause d'un si grand malheur : malheur cependant qu'elle n'a pû entierement éviter, puisque nous avons appris depuis, que son aîné s'est fait Renegat, & que le cadet, qu'on voit déja empêché de renier, avoit été brûlé tout vif, pour avoir, en joüant, tué un jeune Maure. La resolution de cette femme affligée détermina le sieur Pillet de demander une troisiéme audience au Roy, pour tâcher d'obtenir de ce Prince l'entiere liberté de ces deux familles; mais on luy fit sçavoir du Palais, qu'il ne songeât plus à cette affaire, & qu'on ne luy en disoit pas davantage. Il vit bien ce que cela signifioit, & il crût avec fondement que c'étoit la malheureuse reniée qui avoit sollicité contre cette liberté, pour n'être pas privée par le départ de sa mere & de ses sœurs des secours qu'elle en reccevoit de tems en tems; car il faut sçavoir que la plûpart des femmes du Roy ont à peine leur necessaire, & que souvent il leur manque; aussi cette renegate demandoit assez souvent quelque argent à sa mere & à ses sœurs, qui n'osoient la refuser, crainte d'un mauvais retour.

Dans une de ces deux audiences, le sieur Pillet fut spectateur d'une Tragedie à la mode du païs. On avoit amené en presence du Roy une ving-

au Royaume de Maroc. 245

...iné de Maures qui avoient commis ...es crimes capitaux. Ce Prince commanda à quatre de ses soldats Noirs ...'en prendre un par les quatre memb...res & de le jetter en l'air de toutes ...eurs forces; cela fut executé, & ce ...alheureux retomba à terre comme ...ort. Ce Marchand, qui vit le corps ...e cet homme entre le Roy & luy, ...'osoit s'avancer; mais ce Prince ...yant demandé, en parlant de ce cri...inel, si ce mouton étoit mort ou ...on, aussi-tôt cet infortuné se releva ...ur ses pieds, pour se remettre avec ...es autres compagnons de fortune; ...ais l'Alcaïd Gazi ne luy en donna ...as le tems, car il le tua sur le champ ... coups de sabre, & tous les au...es criminels furent ensuite mis à ...ort: cette execution finie, le Roy fit ...gne au sieur Pillet de s'approcher, & ... Prince luy donna audience.

Toutes ces nouvelles ne nous fai...nt que trop connoître qu'il n'y avoit ...as d'esperance de fléchir l'esprit du

X iij

Roy de Maroc, nous nous difpofâmes à retourner à Salé. Le Mardy au foir nous vîmes une chofe qui d'abord nous épouvanta, mais qui enfuite nous donna du plaifir. Nous aperçûmes une grande lumiere, & étant montez fur une petite éminence, toute la campagne nous parut tout en feu de l'autre côté de la riviere. Nous eûmes peur au commencement que le feu ne vint jufques à nous; mais ayant fait refléxion que la riviere étoit entre deux, nous ceſsâmes de craindre pour admirer la belle perfpective que ce feu nous faifoit voir. En effet ce païs-là étant entrecoupé de collines & le feu fe communiquant d'une colline à l'autre, il nous paroiffoit comme fi c'étoient des flambeaux, qui euffent été mis de rang pour éclairer la campagne. La raifon en étoit, comme je l'ay déja dit, que les Arabes voulant préparer la terre pour l'enſemence en Hyver, mettent le feu à la campagne dans les mois d'Aouſt & de Septembre, parce que dans ce tems-là les jonces, les épines & les mauvaises herbes qui y croissent, sont desséchées par la chaleur du Soleil. Ce feu sert donc pour nettoyer la terre, & les cendres qui y restent servent de fumier. Il est dangereux de se trouver auprès de ces endroits-là, & sur tout s'il se leve un vent fort; car ce feu devant s'éteindre par luy-même faute d'aliment, il arrive qu'étant animé par le vent, il se perpetue facilement & consume en peu de tems quinze ou vingt lieuës de païs. Malheur donc à ceux qui se trouvent pour lors en chemin, parce qu'ils ne peuvent éviter le danger, s'ils sont au dessous du vent.

 Le Mercredy 8. nous partîmes de grand matin, & sur les dix heures on s'arrêta pour se rafraîchir à une fontaine, dont l'eau étoit excellente, à ce que disoient les Maures. Le Pere Busnot & moy nous étions à la tête des autres avec un valet que nous avions pris à Cadiz; & comme nous

crûmes qu'ils ne resteroient que pe[u]
de tems, parce que nous devions nou[s]
arrêter à une autre fontaine pour y d[î]-
ner, nous avançâmes toujours che[-]
min ; cependant nos gens ayant trou[-]
vé l'eau de la fontaine très-bonne[,]
resolurent d'y rester. Nous fîmes to[u]
trois près de quatre lieuës, sans sç[a-]
voir positivement si nous étions dan[s]
notre chemin ; mais étant arrivez à l[a]
riviere de Tenselset, & de là à la ma[i-]
son de la Reine, dont j'ay déja parlé[,]
nous nous arrêtâmes à une fontai[-]
ne éloignée d'un quart de lieuë d[e]
cette maison. Nous avions besoin d[e]
repos & de nourriture. Notre vale[t]
avoit sur sa mule quelques provisions
qui nous servirent bien ; nous trou[-]
vâmes l'eau de cette fontaine meil[-]
leure que le vin, quoiqu'elle fût trou[-]
ble, parce que la chaleur excessiv[e]
qu'il faisoit nous avoit extraordinaire[-]
ment alterez. Nous n'avions pas ét[é]
une demie heure à la fontaine, lors[-]
que le sieur Justamont arriva à cheva[l]

avec un Maure à pied, & il se mit d'abord à nous quereller fort & ferme de ce que nous nous étions separez des autres, dont il fallut encore essuyer toutes les plaintes, quand ils se furent rejoints à nous; cependant nous avions pour le moins autant de sujet de nous plaindre d'eux, qu'ils en avoient de se plaindre de nous; car enfin nous avions determiné le matin de nous arrêter à une autre fontaine plus éloignée; & puisqu'ils avoient changé de dessein, ils devoient donc nous en avertir. Il étoit pourtant tems de nous rejoindre à eux, parce qu'une heure après nous rencontrâmes deux chemins, sçavoir l'ancien chemin de Salé, qui étoit frayé, & le nouveau qui ne l'étoit point du tout. Si nous avions été seuls, le Pere Busnot & moy avec le valet, nous aurions pris indubitablement l'ancien chemin comme le plus frayé, & nous tombions dans un camp de Cavaliers Noirs du Roy; Dieu sçait ce qui nous feroit arrivé ; nous prîmes donc tous le nouveau chemin, & nous rencontrâmes enfuite fur le bord un de ces Cavaliers Noirs, qui étoit à pied, fort bien vêtu & la pipe en bouche ; mais il nous laiffa paffer fans rien dire, & s'il avoit eu deffein de nous infulter, il eut raifon de demeurer en repos, parce qu'il y en avoit en notre compagnie qui étoient bien armez, & qui nous auroient bien défendus ; peut-être n'avoit-il pas de mauvais deffein. Nous allâmes coucher à l'*Adoüar* de Beridio, où nous trouvâmes tout proche une très-belle fontaine, qui jette continuellement de l'eau gros comme le bras, & cette eau eft excellente. Le Jeudy 9. veille de faint Laurent nous nous repofâmes quelque tems, fans manger à caufe du jeûne, auprès d'un petit ruiffeau nommé Larga, & nous arrivâmes à Salé fur le midy.

Nous reçûmes quelques jours a-

au Royaume de Maroc. 253

près une Lettre du Sieur Pillet, qui nous apprit une nouvelle très-fâcheuse. Deux Maures *Metadores* avoient proposé à deux François & à un Espagnol, de racheter leur liberté par la fuite, en leur promettant de les conduire jusques en Espagne; mais un des deux François, dont je tais le nom, avoit été assez perfide pour en avertir l'Alcaïd qui a soin des Esclaves Chrétiens, & pour être l'instrument de leur prise. Cet Alcaïd les ayant en son pouvoir ne manqua pas d'en informer le Roy. Ce Prince les fit d'abord comparoître devant luy; & après les avoir traitez de chiens, de Chrétiens & de Juifs, & leur avoir reproché leur desobéïssance à ses ordres & aux commandemens de la loy, il commanda aux *Mafagarins* de faire une décharge sur ces deux malheureux. Cet ordre fut executé avec une exactitude si precipitée, que le Roy courut risque de la vie, ou au moins d'être estropié ; car deux balles s'étant écartées, une des deux luy frisa l'oreille, & l'autre la jambe. Ce Prince devenu, par cet accident, furieux comme un lion, & sans considerer que le pur hazard avoit eu plus de part dans cette occasion que la mauvaise volonté, tua sur le champ trois de ses petits Gardes du-Corps, en fit étrangler quatre autres, & commanda qu'on eût à enfermer le reste dans une obscure prison, où ils reçurent ensuite chacun deux cens coups de bâton, & vingt moururent dans la rigueur de ce supplice ; les deux autres Esclaves furent mis en prison pour n'avoir pas découvert ces deux Maures, & ils reçurent aussi plusieurs coups de bâton. Cette nouvelle nous allarma beaucoup, & nous jugeâmes bien que cela ne feroit qu'irriter de plus en plus l'esprit du Roy de Maroc. L'Esclave qui avoit été cause de tant de meurtres, nous écrivit aussi. Ce malheureux, qui sentit bien que nous ferions informez de son action, prit la resolution de nous envoyer une Lettre, moins pour se justifier que pour faire son éloge. Après nous avoir mandé de quelle maniere l'affaire s'étoit passée, il nous marquoit que s'il avoit découvert les deux Maures *Metadores*, il l'avoit fait pour deux raisons : la premiere, afin de n'être point châtié pour n'avoir pas declaré que ces *Metadores* 'avoient sollicité à la fuite, en cas que l'Acaïd des Chrétiens l'eût sçû par un autre. La seconde, afin de venger par leur mort le sang de ses freres les Chrétiens, qui ayant été pareillement solicitez par d'autres Maures, en avoient été égorgez dans le chemin pour profiter de leurs dépoüilles; au reste, que ceux qui avoient été tuez, étoient des Infidelles, & qu'ainsi il croyoit n'avoir commis aucun peché en cette occasion. Nous ne jugeâmes pas à propos de laisser cette Lettre sans réponse; mais en même tems nous prîmes garde de ne point effaroucher ce miserable, crainte qu'il ne se jettât dans le desespoir. Nous luy representâmes doucement qu'il avoit eu tort d'accuser ces deux Maures, qui ne meritoient pas de luy une pareille ingratitude ; que la vengeance appartenant à Dieu seul, il ne luy avoit pas été permis de venger la mort de ses freres les Chrétiens sur personne, & encore moins sur ceux qui en étoient innocens ; & qu'enfin, quoique ceux qui avoient été tuez par sa faute fussent des Infidelles, il n'en étoit pas moins homicide, ny moins coupable. Ensuite nous l'exhortâmes à faire penitence d'un si grand crime, & à tâcher d'appaiser la colere de Dieu irrité contre luy, & en même tems nous l'assurâmes que cela ne nous empêcheroit pas de travailler à sa liberté comme à celle des autres.

Le sieur Pillet ne sçachant plus, comme on dit, de quel bois faire fleche, & ayant appris que c'étoit

Achmet el Andalousi qui avoit détourné le Roy de Maroc de conclure le Traité fait avec nous, alla voir ce renegat Espagnol, & luy demanda le sujet qui l'avoit porté à nous rendre un tel desservice. Il luy répondit qu'on l'avoit traité dans notre affaire un peu cavalierement, en ne luy promettant que cinq cens piastres, & qu'il n'y en avoit point d'autre que celuy-là. C'étoit pourtant une mauvaise raison, puis qu'on ne luy avoit promis cette somme que pour l'empêcher de faire du mal, & qu'on l'avoit cruë suffisante pour cela. Le R. Pere Gardien du Convent des Recollets luy ayant dit un jour à ce sujet, que luy qui avoit été Chrétien, ne devoit pas avoir fait ce mal aux Chrétiens, que d'empêcher leur liberté, il luy fit cette réponse impie, que *depuis qu'il avoit renié le Maître, il ne se soucioit plus des serviteurs.* Le sieur Pillet luy promit donc un present considerable, s'il vouloit travailler de bonne foy à faire renoüer la negociation, & engager, s'il pouvoit, le Roy son Maître à permettre le rachat des Esclaves François. Il fit la même proposition à Abdalla Ben Aïcha. Ils luy firent tous deux les plus belles promesses du monde, & ils luy conseillerent de retourner à Salé, afin qu'ils fussent plus en état d'agir auprès du Prince. En effet, ce Marchand y arriva le Mardy 14. & il fut suivi peu après par le second, qui y arriva le Vendredy 17. ayant eu permission du Roy d'y venir pour regler la succession du Capitaine Adraman son frere, & la partager entre ses neveux. Nous allâmes rendre visite à cet Abdalla Ben Aïcha; nous luy fimes renouveller la promesse qu'il avoit faite à Miquenez au sieur Pillet, & nous l'assurâmes qu'il auroit lieu d'être content de nous. Il nous reçut fort agreablement, & il nous protesta qu'il employeroit tout son credit auprès du Roy, & que pour en-

gager

gager plus puissamment ce Prince à se laisser flechir, il luy representeroit que tous les parens des Maures Esclaves sur les Galeres de France, étoient venus le supplier, les larmes aux yeux, de travailler pour la liberté des Esclaves François, puisque c'étoit le seul moyen de rompre les chaînes des uns en rompant celles des autres; qu'ainsi il tâcheroit de le porter par là à reprendre la negociation avec nous. Nous nous retirâmes assez contens de notre visite, & nous reçûmes le Lundy 20. une Lettre de tous les Esclaves François, par laquelle ils nous supplioient de leur en envoyer une pour le Roy, dans laquelle nous eussions à marquer à ce Prince que nous luy offrions trois cens piastres & un Maure pour chaque François, & qu'après l'avoir reçû, ils en feroient faire une semblable en langue Arabe, & qu'ils se hazarderoient à les luy presenter toutes deux en se jettant à ses pieds, &

Y

tâchant par leurs larmes & leurs soupirs à adoucir son esprit & à le porter à permettre leur rachat. Nous leur fîmes réponse que le seul objet de notre voyage n'avoit été que pour les racheter tous, & qu'ils sçavoient fort bien que depuis près de cinq ans nous n'avions épargné ni presens, ni prieres, ni nos sollicitations, ni nos peines pour finir leur misere, qu'ainsi nous les conjurions de ne point s'impatienter; qu'Abdalla Ben Aïcha & Achmet el Andalousi s'étoient rendus leurs protecteurs auprès du Roy, qu'il falloit en attendre le succès; & que si par malheur ce succès ne répondoit pas à nos attentes, nous leur envoyerions pour lors la Lettre qu'ils demandoient. Abdalla Ben Aïcha étant de retour à Miquenez, il nous fallut attendre pour voir ce qu'il feroit avec Achmet el Andalousi.

CHAPITRE X.

RETOUR à Cadiz d'un des Peres Deputez. Aventures arrivées dans le pays. Inutilité des promesses de ces deux Ministres. Mauvais naturel du Roy de Maroc. Malheureux succès de la Redemption des Esclaves Portugais. Fin funeste de Joseph Diaz Ambassadeur du Roy de Maroc. Troisiéme audience donnée au Marchand François au sujet de la Redemption. Liberté d'onze Esclaves François. Retour à Cadiz. Pouvoirs laissez au Consul de France à Tetoüan par ordre de Monseigneur le Comte de Pontchartrain.. Retour en France par mer. Rencontre de Vaisseaux. Arrivée à Paris avec un Esclave. Le Roy de Maroc envoye un troisime Passeport, pour lequel on n'a aucun égard. Lettre écrite par ce Prince à Loüis XIV.

UNE affaire, qui me survint, m'ayant obligé de retourner à

Cadiz, je partis de Salé le Samedy 15. Septembre sur la même Tartane qui nous avoit amenez. Je voulus prendre congé du Gouverneur, qui me fit demander si j'avois un present à luy faire; mais ayant sçû que je n'avois rien à luy donner, il m'envoya dire que je pouvois m'en aller. J'arrivay heureusement à Cadiz la veille de S. Matthieu, les calmes presque continuels m'ayant un peu retardé dans la route. Pendant que j'y suis, je veux apprendre au Lecteur un petit trait d'histoire arrivée dans ce tems-là, & qui pourra mieux faire connoître le genie du Roy de Maroc. Un peu avant notre arrivée à Salé, le Gouverneur du Château avoit été cité à Miquenez pour rendre compte de sa conduite. Un Capitaine de la Garnison l'avoit accusé auprès du Roy de ce qu'il maltraitoit les soldats sans sujet. Ce Prince manda donc ce Gouverneur, avec ordre d'amener avec luy un autre Capitaine, qui étoit aussi accusé d'être la cause de ces mauvais traitemens par les conseils violens qu'il donnoit. Le Gouverneur & le Capitaine accusé étant devant le Roy, ce Prince donna aussi-tôt ordre d'étrangler le second, & presque en même tems un contr'ordre de n'en rien faire; mais le pemier ordre fut executé si promptement, que ce contr'ordre ne servit de rien à ce malheureux. Le Gouverneur ne pût avoir d'audience, & il fut obligé de se retirer avec son present; mais le Roy étant un peu appaisé le fit revenir, & luy demanda les raisons qu'il avoit euës de maltraiter ses Soldats. Ce Gouverneur n'eut pas de peine à se justifier & à prouver à ce Prince que tout ce qu'il avoit fait n'étoit que pour son service, & le pria en même tems de donner le Gouvernement à un autre; mais le Roy, satisfait de ses raisons, le contraignit de reprendre le Gouvernement, & luy remit entre les mains le Capitaine accusateur, avec permission de luy faire son procès quand il seroit de retour à Salé. Le Gouverneur n'attendit pas si long-tems à lui faire justice, car en chemin faisant il luy fit couper la tête, & fit faire une fosse pour y mettre le corps. Avant mon depart pour Cadiz, le sieur Jacques Leyton Marchand François nous dit que le fils du Capitaine accusé, dont il étoit bon amy, étoit venu chez luy pour le prier de luy donner un peu de tems pour payer ce que son pere luy devoit, parce qu'il se trouvoit dans l'obligation d'aller à Miquenez pour remercier le Roy d'avoir fait mourir son pere; & de fait il partit pour aller faire ses remerciemens au Prince, & s'acquitter de ce devoir Mauresque. Je dirai à ce sujet, que lors qu'on parle au Roy de ceux qu'il a tuez, ou fait tuer en sa presence, on n'ose pas dire, ceux que Sa Majesté a fait mourir, mais ceux que Dieu a fait mourir : car ce

Prince prétend que tout ce qu'il fait, il ne le fait que pour le service de Dieu, & par ordre de Dieu.

Le Lecteur me permettra de luy rapporter encore une petite aventure qui arriva à Salé dans ce même tems au Pere Busnot, audit sieur Leyton & à moy. Un Samedy matin étant sortis tous trois de la Chapelle après la Messe, & marchant dans la ruë, un jeune Maure, fils d'un Juif renié, nous jetta un trognon de chou par derriere. Ce Marchand, qui avoit reçû le coup, nous quitta sur le champ, & saisit au collet ce jeune homme, qui pouvoit avoir 25. ans, en criant *Justice de Dieu*, comme on crie en Normandie *Haro* sur la personne qu'on veut faire mettre en prison. Un des Gardes du Gouverneur se trouvant par hazard dans la ruë, le Marchand luy dit qu'il eût à mener en prison celuy qui l'avoit insulté; mais ce Garde qui tenoit à la main un quartier de mouton, & qui ne vouloit pas se

mettre en risque de le perdre, se
contenta de luy promettre qu'il serviroit de témoin devant le Gouverneur. Ce jeune homme se debattit si
bien, qu'il échapa des mains du Marchand, qui emporta avec luy un
morceau de l'habit du Maure, & qui
alla ensuite à la maison du Gouverneur pour demander justice. Le Pere
Busnot & moy nous fimes notre possible pour obtenir la grace de ce malheureux, mais nous ne pûmes en venir à bout ; nous fûmes même con-
trains d'accompagner ce Marchand,
parce que nous aurions eu de la peine, étant seuls, à retrouver notre logis. Le Gouverneur qui étoit malade, nous fit un peu attendre à la
porte, pour donner le tems à ses
femmes de s'enfermer, & pendant
que nous attendions, on nous vint
prier de marcher lentement dans la
cour, parce que ces femmes, qui
pouvoient voir sans être vûës, vouloient, pour contenter leur curiosité,
examiner

examiner comme nous étions habillez. Nous entrâmes donc dans la maison, & nous trouvâmes le Gouverneur au lit & qui avoit auprès de luy son frere, qui étoit le Cady de la Ville. C'étoit le même Gouverneur que nous avions vû au premier Voyage en 1704. Comme il avoit appris le sujet qui nous amenoit, il nous dit d'abord qu'il avoit ordre du Roy de châtier severement tous ceux qui nous insulteroient, & qu'il vouloit executer cet ordre très-exactement; il nous parloit en langue Espagnole, & ainsi je luy fis réponse que nous n'étions pas venus pour nous plaindre de qui que ce fût, parce que notre profession ne nous permettoit pas de demander justice des injures qui nous étoient faites, mais que c'étoit ce Marchand François qui vouloit avoir raison de l'insulte à luy faite par un Maure. Alors le Gouverneur luy ayant demandé s'il connoissoit ce Maure, & ayant

Z

reçû pour réponse qu'un de ses Gardes, qui avoit été témoin de l'insulte, le connoissoit bien, & que ce Maure *tenia Sangré*, avoit du sang, c'est-à-dire, qu'il avoit de quoy payer les frais du Procès, il luy promit, en souriant, de luy faire justice ; après quoy nous nous retirâmes. J'ay dit que ce jeune Maure étoit fils d'un Juif renié, car il faut sçavoir, que lorsqu'un Juif, qui a des enfans, embrasse le Mahometisme, ceux qui sont au-dessous de 8. à 9. ans sont obligez de suivre l'exemple de leur pere ; mais quand ils sont au-dessus de cet âge, il leur est libre de rester dans leur Religion. Le lendemain j'appris que ce malheureux étoit dans la prison publique, prison qui n'a ni portes ni geoliers, & dont cependant on n'ose sortir, parce qu'il y va de la vie, quand par après on est repris, attendu que cette fuite étant regardée comme une rebellion à la Justice, devient un crime capital. Il y fut environ trois semaines, & chaque jour on avoit soin de le regaler d'une volée de coups de bâton. Avant que d'en sortir, il luy fallut payer une somme pour le Gouverneur & pour ses Gardes, & de plus satisfaire ceux qui avoient eu la peine de luy donner les coups de bâton, car en ce païs-là c'est une peine qui merite salaire. Huit jours après son emprisonnement, j'intercedây pour luy auprès du Marchand insulté; mais il me répondit que tant qu'il seroit en prison il ne luy jetteroit pas des trognons de choux, & de plus que les Marchands Chrétiens étoient forcez d'en venir à ces extrémitez, parce que sans cela ils ne seroient pas en seureté de leur vie; aussi depuis ce tems-là il aura passé dans la Ville pour un *Arami*, c'est-à-dire pour un mutin & pour un homme auquel il ne fait pas bon se joüer.

Je me souviens à cette occasion qu'au premier Voyage de 1704. un jeune Maure étant entré dans la maison du Conful de France, où nous étions logez, avoit penetré, fans être apperçû, jufques à la chambre où nous couchions. J'eus befoin de quelque chofe, & étant pour cet effet entré dans cette chambre, je le trouvay en flagrant delit. Ce malheureux avoit déja fait des pacquets pour les emporter; & fi j'avois voulu je l'aurois fait mettre en prifon, où peut-être il auroit péri fous les coups de bâton; mais je me contentay de le bien fouiller, & enfuite je le renvoyay fans luy faire aucun mal, comme ma profeffion l'exigeoit de moy: Il étoit fi faifi de crainte, que j'aurois pû le dépoüiller entierement, fans qu'il y eût apporté de fa part aucun empêchement.

Parlons maintenant de ce qui s'eft fait à Salé & à Miquenez après mon départ, au fujet de la Redemption. Mes deux Collegues ayant vû que tout le mois de Septembre & une partie de celuy d'Octobre s'étoient écoulez sans recevoir aucunes nouvelles des deux Ministres, comprirent bien qu'il y avoit plus à craindre qu'à esperer ; & ils se confirmerent de plus en plus dans cette pensée, que le Roy de Maroc étant plus enclin à faire du mal que du bien, ses Ministres pouvoient mieux réüssir à le porter à l'un qu'à l'autre, & même qu'ils en faisoient mieux leur cour; parce qu'en cela ils flattoient le mauvais naturel de leur Maître. Au milieu du mois d'Octobre ils prirent la resolution d'envoyer aux Esclaves la Lettre qu'ils avoient demandée, d'en attendre le succès, & si cette tentative ne réüssissoit pas, de s'en retourner à Cadiz; mais le sieur Pillet les pria d'avoir encore un peu de patience, & pour les y porter plus facilement, il les assûra qu'il attendoit de jour à autre un Envoyé du Roy de Portugal, avec lequel il devoit aller à Miquenez pour conclure le Traité fait entre ce Prince & le Roy de Maroc pour la liberté des Esclaves Portugais, comme on l'a dit cy-dessus; qu'en même tems il travailleroit à renoüer la negociation pour le rachat des François, & qu'il esperoit en avoir la moitié. Ils se déterminerent donc de retarder l'envoy de la Lettre, pour voir quelle réussite auroit cette affaire, & pour n'avoir rien dans la suite à se reprocher. En effet cet Envoyé ne tarda pas à venir à Salé sur une Cetie Genoise avec un chargement de plusieurs sortes de marchandises pour le prix de dix mille écus, & pour le compte de la Redemption : il apportoit avec luy une Lettre du Roy de Portugal pour le Roy de Maroc ; par cette Lettre Sa Majesté Portugaise prioit ce Prince de permettre le rachat de ses Sujets Esclaves dans ses Etats, sur le pied dont on étoit convenu, & en même tems elle luy marquoit qu'en reconnoissance, s'il y avoit dans son Royaume quelque chose qui pût luy faire plaisir, elle la luy envoyeroit au premier ordre qu'il en donneroit. Presque dans le même tems il entra encore au port de Larache une Tartane Genoise, qui apportoit un present considerable de la part du Roy de Portugal pour le Roy de Maroc.

Tout étant donc prêt, le sieur Pillet alla à Miquenez sur la fin du mois d'Octobre, avec l'Envoyé de Sa Majesté Portugaise; mais le Roy de Maroc, quoyqu'il eût reçû un present si considerable, ne voulut pas s'en tenir au Traité fait à Lisbone par son Ambassadeur Joseph Diaz, & il en fit un nouveau avec cet Envoyé, par lequel ce Prince demandoit pour deux cens Esclaves Portugais, la quantité de deux cens pieces de drap d'Angleterre, de vingt-six mille platines de fusil, de quinze cens quintaux de poudre à canon, & cinquante Maures, encore avec cette condition qu'on luy envoyeroit tout cela à la rade de Salé ; & quand il sçauroit le tout arrivé, il envoyeroit pareillement tous les Portugais à ce Port, afin que l'échange s'y pût faire, c'est-à-dire qu'on feroit sortir une Barque chargée d'Esclaves, & qu'au retour elle en porteroit la valeur, & ainsi successivement jusques à ce que cet échange fut entierement fini. Par ce nouveau Traité la rançon de chaque Esclave Portugais aloit à six cens piastres, en y comprenant les frais qui se font pour le droit de sortie des portes. Le Roy de Maroc donna à l'Envoyé sept Esclaves pour le present qu'il en avoit reçû, & qui avoit été estimé plus de dix mille francs ; le chargement de la Cetie Genoise arrivée à Salé fut encore dissipé en faux frais, & de la même maniere que l'avoit été celuy de l'autre Cetie arrivée à Larache après l'Ambassade de Joseph Diaz, & dont on a parlé cy-dessus ; de sorte qu'on peut dire que les sept Esclaves

Portugais coûtent au Roy de Portugal environ vingt-quatre mille écus. Ce nouveau Traité étoit si onereux, tant du côté de la conscience, n'étant pas permis aux Catholiques de fournir des armes aux Infideles, que du côté de l'execution, qu'on crut bien que Sa Majesté Portugaise ne le ratifieroit pas ; aussi n'a-t'il point été executé.

On sera peut-être bien-aise de sçavoir quelle recompense a eu ce Joseph Diaz pour ses deux Ambassades en Portugal & en Angleterre ; la voicy. Le Roy de Maroc, qui fit semblant d'être mécontent de la maniere dont il s'étoit comporté dans ces deux Ambassades, l'accusa de n'avoir pas executé fidelement les ordres qu'il luy avoit donnez, & sur ce prétexte il luy ôta la Maîtrise des poudres & l'envoya aux travaux avec les autres Esclaves. La Reine Noire ayant sçu sa disgrace, fit enlever une fille qu'il avoit, de l'âge de quinze ans, pour être enfermée dans le Palais du Roy, & pour servir sans doute de concubine à ce Prince. Le sieur de la Magdeleine, dont je parleray bien-tôt, étant Consul de France à Salé, & se trouvant à Cadiz pour affaire, comme je le diray encore cy-après, m'a écrit une Lettre, qui marquoit la fin funeste de ce pauvre Ambassadeur. Voicy mot pour mot la copie de l'article de cette Lettre, qui le regarde.

A Cadiz, le 8. Août 1718.

IL est vray qu'il avoit couru un bruit que le sieur Pillet devoit être mis à la chaîne, mais ce bruit étoit faux; Monsieur Seignoret n'y a pas été non plus; ils en ont été quittes pour payer ce que le Sieur Pillet devoit au nommé Joseph Diaz Maître de la poudre, que le Roy de Maroc venoit de faire mourir, pour luy avoir fait proposer son rachat. On luy coupa la gorge comme à un mouton ; le même ordre étoit donné contre sa femme & leurs deux enfans, mais le Pacha Gazi obtint leur grace. Ce fut le sieur Pillet qui fit la proposition, à l'occasion de la satisfaction que le Roy témoigna de voir les 40. colomnes de Marbre que ledit sieur Pillet avoit fait venir de Genes, pour le prix de six mille piastres. Cette somme a été déduite, sçavoir deux mille piastres pour ce qui étoit dû au deffunt Joseph Diaz, & les quatre mille ont resté pour le payement de la rançon des deux Esclaves Portugais, que Pillet demanda au Roy il y a quelques années, pour aller solliciter à la Cour de Portugal le rachat de ceux de leur Nation ; il avoit promis qu'ils retourneroient, mais ils n'en ont rien fait ; ainsi Monsieur Seignoret & ses associez mettront cette perte avec celle de quarante mille livres que ce même Prince a retenuës sur la valeur d'une grosse émeraude, qu'ils luy avoient envoyée, & cela pour pareille somme que Pillet devoit à Ben Atta qui venoit d'être taxé à soixante-dix mille ducats.

J'ay crû que je ferois plaisir au Lecteur, en inferant icy l'article de cette Lettre, puisqu'il apprend encore mieux quel est le genie du Roy de Maroc, & comment il paye ses dettes.

Le sieur Pillet voulant executer sa promesse, parla au Roy de Maroc dans le même tems, au sujet de la Redemption des Esclaves François; mais il le trouva toujours inflexible; tout ce qu'il pût obtenir, ce fut la liberté de sept Esclaves, que ce Prince luy donna en consideration des quatre presens qui luy avoient été faits, & encore à cette condition qu'il luy feroit venir sept de ses Sujets Esclaves sur les Galeres de France qu'il luy specifia, & de plus les quatre autres qui luy avoient été promis, & qui avoient fait le sujet des reproches qu'il nous fit lorsqu'il nous donna audience. Il eſt vray que le Roy de Maroc luy fit dire que lorſque ces onze Maures ſeroient arrivez, il luy accorderoit tout ce qu'il luy demanderoit pour les François, & qu'avant ce tems-là il n'avoit rien à eſperer de luy; mais qui ſe fiera à la parole de ce Prince, après avoir vû tout ce qui s'eſt paſſé, tant dans le Traité fait avec le Roy de Portugal, que dans celuy fait avec nous? Car enfin, s'il étoit veritablement fâché qu'on ne luy eût pas envoyé les quatre Maures promis, ne devoit-il pas dire au ſieur Pillet, quand il vint pour negocier la liberté des Eſclaves François, qu'il ne vouloit entendre à aucune propoſition, qu'auparavant ces quatre Maures ne fuſſent venus? mais c'eſt un Prince qui ne ſonge qu'à tromper les Chrétiens & à attirer des preſens; on ſçait bien qu'il ne ſe ſoucie gueres de ſes Sujets Eſclaves, & s'il parut fâché, quand il nous donna audience, qu'on eût manqué à luy envoyer les quatre Maures promis, ce ne fut qu'un prétexte, dont il se servit pour ne point executer sa parole, & ce d'autant plus qu'il pouvoit obliger un de nous à demeurer en ôtage jusqu'à ce que tout eût été executé de notre part, & qu'il eût eu une entiere satisfaction. Du nombre des sept se trouva Jean de Haroftegui natif de la ville d'Andaye diocese de Bayone, & Capitaine d'un petit Navire Basque que les Corsaires de Salé avoient pris depuis un an à la sortie de Cadiz. Son fils fait Esclave avec luy, s'étoit jetté aux pieds du Roy de Maroc pour luy demander la liberté de son pere, & ce Prince la luy avoit accordée; aussi Dieu a-t-il recompensé la pieté de ce fils, puisqu'il a eu le bonheur de s'enfuir par le moyen des Maures *Metadores*, étant un des deux qui ont eu par ce moyen la liberté en 1715. comme je l'ay dit au Chapitre septiéme.

Le sieur Pillet obtint encore par après la liberté de deux autres Esclaves. Le premier, nommé Denis Moyon, natif du Montouer, diocese de Nantes, coûta 630. piastres & un Maure, & il a payé une partie de son rachat. Ce qui facilita sa liberté, c'est qu'il contrefaisoit le boiteux depuis long-tems; mais l'air de la mer le guérit entierement : car quand il fut embarqué, il n'eut plus besoin de son bâton pour marcher Le second, nommé Jean Bernard Dert, natif de la ville de Bourdeaux, étoit d'autant plus à plaindre, qu'il étoit plus en danger que les autres de renier la Foy. Il demeuroit chez l'Alcaïd Roussi, auquel le Roy l'avoit donné pour être son Intendant & son Commis. Cet Alcaïd avoit soin de payer ceux qui étoient occupez aux travaux du Roy; & comme il étoit fort content de l'Esclave, il le sollicitoit sans cesse d'embrasser le Mahometisme, en luy promettant une de ses filles en ma-

riage. Sa liberté étoit donc plus difficile à obtenir, aussi convint-on de donner douze cens piastres & un Maure. Le Pere Forton fournit quatre cens piastres, le Pere Busnot en donna cent, & en mon absence il fit bon pour moy de cent, que j'ay payées; les Marchands François de Salé en donnerent aussi cent, & l'Esclave fit le reste de ce qu'il avoit amassé chez l'Alcaïd Roussi. Cet Alcaïd mécontent fit tout ce qu'il put pour empêcher sa liberté, & il alla même jusques à deux fois parler au Roy, pour luy representer que cet Esclave luy étoit necessaire; & qu'ayant manié les deniers royaux, il emporteroit une somme considerable; mais ce fut inutilement, parce que ce Prince luy répondit toujours qu'il avoit donné sa parole; & que si l'Esclave emportoit avec luy une somme considerable, c'étoit tant mieux pour luy. On fut surpris de la fermeté du Roy en cette occasion; & s'il est vray de dire
que

que le prix de la rançon étoit excessif, puis qu'il alloit pour lors à quatre mille deux cens livres monnoye de France, sans y comprendre le Maure, il n'est pas moins vray de dire que ce fut par un bonheur particulier qu'on vint à bout de ce rachat.

Comme Abraham Meïmoran a le soin de fournir chaque jour le Palais du Roy de tout ce qui est necessaire pour les provisions de bouche, ce Prince aussi, pour le dédommager, luy abandonne les Impôts qui se levent sur tous les Juifs qui sont dans ses Etats; mais souvent cela ne suffisant pas, vû le nombre prodigieux de personnes qui demeurent dans ce Palais, le Roy luy donne des Esclaves en payement, & pour lors ce Checq des Juifs en tire le plus qu'il peut, afin d'y gagner. Deux Esclaves François composerent dans ce tems-là avec luy pour la somme de mille piastres par tête, & le sieur Pillet leur servit de caution. L'un se nommoit Pierre Rouffet, natif d'Oleron en Bearn; & l'autre Pierre Serviau, Chirurgien de profeffion, & natif du même lieu, mais habitué à Andaye quand il fut pris. Le Pere Forton donna quatre cens piaftres pour chacun, & eux s'engagerent par écrit à fournir le refte quand ils feroient en France. Il fallut encore que ce Pere s'obligeât par écrit à les y contraindre par voye de Juftice, s'ils negligeoient de fatisfaire à leur engagement, le fieur Pillet demeurant toujours caution. Cet Agent des Redemptions, Genoife, Françoife & Portugaife, n'ayant pû engager le Roy de Maroc à luy permettre de racheter d'autres Efclaves François, envoya ces onze à Salé, & quelque tems après il fortit de Miquenez avec l'Envoyé Portugais, fes fept affranchis, & quelques autres de differente Nation, & ils arriverent à Salé le Mardy 20. Novembre.

Mes deux Collegues voyant que

leur séjour à Salé seroit désormais inutile, & considerant d'ailleurs qu'il n'étoit plus tems d'envoyer aux Esclaves François la Lettre qu'ils avoient demandée pour le Roy, se disposerent à leur retour pour Cadiz. Après avoir tout reglé avec le sieur Pillet, & s'être engagez à la Chancellerie du Consulat de France à obtenir la liberté des treize Maures promis, en y comprenant les deux qui avoient aussi été specifiez & demandez pour Denis Moyon & Jean Bernard Dert, ils s'embarquerent vers le 24. du mois de Novembre sur la Tartane Françoise que je leur avois envoyée, & que j'avois fretée pour cet effet. Les Marchands François de Cadiz y avoient chargé des marchandises pour leur compte, comme ils avoient fait à la premiere que nous avions fretée. Le port de ces marchandises & les retours de Salé à Cadiz, diminuerent beaucoup le prix convenu avec les Patrons. Il semble que Dieu m'inspira de leur envoyer cette Tartane; & de fait, sans cela ils auroient fait un plus long sejour à Salé, & auroient peut-être reçû un fâcheux contr'ordre au sujet des Esclaves. Il est vray que le sieur Pillet avoit eu dessein de les embarquer sur un petit navire pris sur les Anglois par les Corsaires de Salé, & qu'il avoit acheté; mais ce navire ayant été reclamé avec sa charge & son équipage, comme ayant été pris contre le Traité de paix fait avec l'Angleterre, le tout fut rendu aux proprietaires, & ainsi il ne pouvoit plus servir à transporter les Peres & les Esclaves, qui, après plusieurs jours de traversée, & avoir couru risque d'échoüer sur les côtes de Portugal par le mauvais tems, arriverent heureusement à Cadiz le Vendredy 30. jour de S. André sur les sept heures du matin. Les onze Esclaves se reposerent quelque tems, & ensuite dix d'entr'eux s'en retournerent dans leur pays, les uns par terre, & les autres par mer sur un Vaisseau Suedois qui alloit à Marseille.

Pour nous, il nous fallut auparavant écrire à Monseigneur le Comte de Pontchartrain & à nos Superieurs, pour les avertir de tout ce qui s'étoit passé, & en recevoir les ordres pour notre retour en France. Nous eûmes permission de nous en revenir; mais ce zelé ministre, qui s'étoit particulierement interessé dans l'affaire de la Redemption, & qui avoit toujours voulu être informé de tous les mouvemens que nous nous donnions pour tâcher de la faire réüssir, nous ordonna de la part du Roy d'envoyer avant notre depart au sieur de la Magdeleine Consul à Tetoüan pour la Nation Françoise, tous les pouvoirs necessaires pour renoüer la negociation avec l'Alcaïd Ali Ben Abdalla. Cet ordre retarda notre depart, & nous l'executâmes avec plaisir, tant pour laisser toujours en mouvement l'affaire de la Redemption & les Esclaves dans l'esperance de leur liberté, comme nous eûmes le soin de les en informer, que parce que ce Consul étoit un homme fort entendu dans les negociations, & qu'il nous parut tres-instruit de la maniere avec laquelle il faut traiter avec les Maures. Pour ne rien negliger, nous priâmes encore le Pere Diego de los Angeles de travailler au rachat de certains Esclaves qui nous étoient particulierement recommandez, & nous luy en donnâmes une liste, après être convenus avec luy du prix de leur rachat. Cela fait, le Pere Busnot & moy nous nous embarquâmes le Vendredy 5. Avril 1709. sur un Vaisseau de S. Malo, nommé le S. Jean Baptiste, de deux cens hommes d'équipage, percé pour 44. pieces de canon, mais qui n'en avoit que 40. de montées, & commandé par le sieur Padet. Ce Vaisseau venoit d'Alexandrie d'Egypte, où il avoit pris son chargement de caffé.

Lorsque nous fûmes au cap de S. Vincent, il fallut louvoyer en attendant le vent bon pour doubler ce Cap, & dans ce tems-là nous apperçûmes une flotte Portugaise escortée de trois Vaisseaux de guerre, dont l'un étoit démâté ; nous vîmes tous les Vaisseaux Marchands se joindre ensemble proche les Vaisseaux d'escorte, parce que le nôtre paroissoit Corsaire, & que le Portugal étoit pour lors en guerre avec la France. Notre Capitaine, qui avoit fait la course pendant plusieurs années, avoit bonne envie d'en attraper quelqu'un ; mais se trouvant seul, il n'osa le faire ; & certainement, s'il avoit été accompagné d'un autre Vaisseau de sa force, il en seroit venu à l'action, quoy qu'il eût ordre de ses Marchands de faire sa route. Après avoir doublé le Cap de S. Vincent, nous vîmes sortir de la riviere de Lisbone un Vaisseau Suedois & trois Danois. Les

Capitaines vinrent à l'obéïssance pour montrer leurs Passeports, qui furent trouvez en bonne forme, car sur la mer le plus fort fait la loy au plus foible, sur tout en tems de guerre. Le Suedois nous donna seul le salut ordinaire, & nous le luy rendîmes, car les Danois n'avoient point de canon. Vis-à-vis le Cap de Finistere il parut un Vaisseau avec pavillon Anglois. Aussi-tôt notre Capitaine donna ses ordres, & à l'instant chacun se mit à son poste pour se disposer au combat en cas d'attaque. Tous les matelats furent mis au-dessus de la chambre du Conseil, pour servir de plastron aux Mousquetaires; tous les passagers se mirent en devoir d'agir comme les autres; pour le Pere Busnot & moy nous eûmes ordre d'aller en bas, avec le Chirurgien, pour assister les blessez qu'on nous ameneroit. Avant que de descendre j'examinai le Vaisseau ennemi, & je vis bien que le combat ne seroit pas
bien

bien cruel, puis qu'il étoit moins fort que le nôtre; cependant nous nous retirâmes à la sainte Barbe, pour de-là, & en cas de combat, nous mettre à notre poste; mais quelque tems après un Matelot nous vint dire que la paix étoit faite, & à cette nouvelle nous remontâmes en haut dans la chambre du Conseil, où nous vîmes le Capitaine Anglois qui montroit un Passeport qu'il avoit obtenu du Roy d'Espagne, & au bas duquel étoit un Certificat signé de Monsieur Amelot pour lors Ambassadeur de France auprès de Sa Majesté Catholique. En effet ce Vaisseau étoit chargé de bled pour Cadiz, qui en avoit un tres-grand besoin, puis qu'à notre sortie le pain y valoit sept sols la livre. Ce Capitaine Anglois nous dit qu'il nous avoit bien reconnus pour François, quoique nous eussions arboré Pavillon Hollandois; mais qu'il n'avoit pas craint d'arborer le sien, par rapport à son Passeport. Au reste

B b

il étoit fort à craindre, puis qu'il n'avoit point de canon; aussi je crois que notre Capitaine donna tous ces ordres, tant pour exercer son équipage, que pour nous donner au Pere Busnot & à moy le plaisir, supposé qu'il y en ait, de voir ce qui se fait dans un Vaisseau quand on s'y dispose au combat. En effet, après que nous eûmes entierement doublé le Cap de Finisterre, il parut un autre Vaisseau, qui fut estimé Corsaire, & être de 30. pieces de canon, & qui vint nous reconnoître. Cependant notre Capitaine se contenta de dire au Pilote de mettre la prouë pour aller droit à ce Corsaire, lequel après nous avoir bien examinez, & avoir jugé notre Vaisseau aussi Corsaire, revira de bord, & se retira au plus vîte.

Nous voulions doubler le Cap d'Ortegal, mais les vents contraires nous ayant forcez de relâcher à la Corogne en Galice, nous y demeurâmes

23. jours ; nous y trouvâmes pour Conful de France le fieur Bigodet, qui nous fit beaucoup d'honnêteté. Le Pere Bufnot & moy nous voulûmes profiter de ce retardement pour faire un petit voyage de devotion à S. Jacques de Compoftelle, qui n'en eft éloigné que de dix lieuës, & dans ce voyage nous fûmes accompagnez par notre Capitaine, fon Ecrivain, plufieurs paffagers & environ 80. Matelots, qui en avoient obtenu la permiffion. Enfin après une traverfée de 46. jours depuis Cadiz, nous arrivâmes heureufement à la Rochelle le Lundy 20. May, qui étoit le lendemain de la Pentecôte, & en compagnie de trois autres Vaiffeaux François qui étoient partis avec nous de la Corogne, & dont l'un étoit de cinquante-quatre canons, nommé la Vierge de Grace, qui venoit de la mer du Sud, & qui étoit riche de près de fix millions de livres, le tout en argent monnoyé & brut. Le Jeudy 23. nous partîmes

de cette Ville, & nous entrâmes dans Paris le Dimanche 2. Juin, après avoir demeuré près de cinq années tant à Cadiz qu'en Barbarie, pour tâcher de faire une redemption generale des François Esclaves dans les Etats du Roy de Maroc. Nous avions avec nous un Esclave; & comme il est le seul que nous ayons amené à Paris dans ce tems là, il merite bien que je dise qu'il se nommoit Jean Roux, natif de Granville, diocese de Coutances en basse Normandie. Nous aurions pû dans ce même tems entrer chez les Peres Capucins, puisque nous portions la barbe depuis plus de cinq ans. Quelques jours après nous allâmes à Versailles rendre compte par nous-mêmes à Monseigneur le Comte de Pontchartrain, comme nous l'avions déja fait par Lettres, de l'état où se trouvoit l'affaire de la Redemption. Ce Ministre nous reçut tres-gracieusement, & il nous obtint *gratis* la liberté des treize Esclares Maures promis au Roy de Maroc, afin de nous tirer de l'engagement où nous étions entrez sous la garantie du sieur Pillet.

Après notre retour en France le Roy de Maroc s'avisa de nous envoyer un troisiéme Passeport pour nous faire revenir dans ses Etats, avec promesse de nous permettre le rachat des Esclaves François. A ce sujet nous eûmes ordre de Monseigneur le Comte de Pontchartrain de nous assembler dans le mois de Janvier 1710. chez le sieur Denis du Sault, qui a été envoyé plusieurs fois à Alger, Tunis & Tripoli pour les affaires du Roy, & qui a beaucoup contribué à la liberté d'un grand nombre de François Esclaves dans ces trois Villes. Le resultat de cette assemblée fut, qu'il ne convenoit pas de s'exposer davantage à la mauvaise foy de ce Prince barbare, & à risquer de faire inutilement de grosses dépenses; mais qu'il falloit laisser agir le sieur de la Magdeleine, & prier le Miniſtre de donner à ce Conſul les ordres neceſſaires pour renoüer la negociation par le moyen de l'Alcaïd Ali Ben Abdalla, ſuivant les pouvoirs à luy envoyez avant notre depart de Cadiz. Ces pouvoirs conſiſtoient à traiter du rachat general des Eſclaves François ſur le pied de 300. piaſtres & un Maure par tête, & de plus, à fournir cinq mille piaſtres, ſçavoir quatre mille pour l'Alcaïd, & mille pour ſon Secretaire, moyennant quoy nous ferions exempts de toutes autres dépenſes, & les Eſclaves nous ſeroient envoyez à Ceüta, Ville qui appartient au Roy d'Eſpagne, & qui eſt ſituée ſur les Côtes des Etats du Roy de Maroc; que là, en recevant les Eſclaves, nous livrerions tout l'argent promis, & que ſous la caution du ſieur de la Magdeleine, nous aurions une année de terme pour le renvoy des Maures. Monſeigneur le Comte de Pontchartrain envoya ſes ordres à ce Consul, pour agir conformément à ces pouvoirs, afin que si le Roy de Maroc acceptoit nos propositions, nous pûssions retourner incessamment en Barbarie pour achever une si grande affaire, & ramener tous les Esclaves François qui se trouvoient à notre depart en 1709. au nombre de 130. nombre qui depuis a été augmenté par les prises que les Corsaires de Salé & de Tanger ont fait de Vaisseaux François. Nous sçûmes depuis que les treize Maures promis au Roy de Maroc étoient arrivez à Cadiz au mois de Fevrier 1710. qu'ils en étoient partis le Vendredy 28. Mars, & qu'ils avoient débarqué à Salé le Jeudy 3. Avril, que le sieur Perillié & le sieur Pillet les avoient accompagnez jusques à Miquenez, pour les presenter au Roy, qui les avoit bien reçûs, & qu'ils avoient fait à ce Prince, quoique sans ordre, un present que nous avons payé, de même que les frais de leur voyage, pour ne point irriter l'esprit du second, qui pouvoit par son credit traverser la negociation du sieur de la Magdeleine.

Le Lecteur ne sera pas fâché que je luy donne la communication d'une Lettre que le Roy de Maroc écrivit au Roy défunt de glorieuse & triomphante memoire, dans le même tems qu'il nous envoya son troisiéme Passeport. Par la lecture de cette Lettre on verra l'adresse de ce Prince Infidele pour s'attirer des presens; mais il n'y gagna rien, parce qu'on avoit été trompé dans les trois Ambassades des Sieurs des Augers, de Saint Amand & de Saint Olon, envoyez en differens temps, & qui n'avoient rien fait autre chose que d'éprouver sa mauvaise foy, quand il demande à traiter avec les Princes Chrétiens, qui ne devroient envoyer pour Ambassadeur, qu'une bonne armée pour le mettre à la raison, & encore je ne sçay s'ils en viendroient à bout,

La Lettre étoit en langue Espagnole, & en voicy la traduction en François.

Au nom d'un seul Dieu tout-puissant, Createur du Ciel & de la terre.

La place du Sceau.

AU Seigneur Louis XIV. par la grace de Dieu, Roy de France & de Navarre, salut & accroissement de bons desirs. Nous avons autrefois envoyé à votre Cour deux de nos Serviteurs ; le premier se nommoit Jach Ali Manino, & le second est le Capitaine de la Mer, Abdalla Ben Aïcha, lesquels y ont été chacun pour une fin particuliere ; le premier, à la priere & à la demande de nos Alcaïds, de qui il se valut, parce qu'il se trouvoit un de ses fils Esclave en votre pouvoir, & craignant qu'il ne se fit Chrétien, il se servit de ce moyen pour solliciter sa liberté, comme nous l'avons sçu depuis ; le second, qui est le

Capitaine de la Mer, a été envoyé par Nous, comme étant homme experimenté dans les affaires des Chrétiens par la communication qu'il avoit eu avec eux, afin qu'il Nous informât certainement, de quelle maniere Vous vous conservez en paix & amitié avec la Maison Ottomane, parce que Nous jugions qu'il y avoit en cela une fin particuliere ; mais il Nous donna à entendre en son tems, qu'il n'y avoit point d'autre secret, que celuy de maintenir une bonne amitié ; ainsi comme il nous touche de droit de faire attention à tout ce qui regarde ladite Maison, & cela pour plusieurs raisons ; la premiere à cause du zele, avec lequel elle sert & assiste en notre saint Temple, & à la sainte Maison du Dieu très-Haut ; la seconde, à cause de la sainte Jerusalem ; la troisiéme est la défense de notre sainte Loy contre ses ennemis, & aussi parce qu'elle a en son pouvoir l'Egypte, & la Cité si sainte, & nommée du Dieu très-Haut dans toutes ses saintes Ecritures ; ladite Maison de-

vant être pour toutes ces raisons respe-
ctée de tout ce qui se. dira Maure &
qui connoîtra un seul Dieu tout puissant;
de plus voyant l'opposition si grande qu'a
toujours eu ladite Maison avec la Maison Austrichienne, laquelle opposition a
discontinué dans le tems present, pour
des raisons particulieres; & voyant encore qu'au milieu de tant de guerres,
dans lesquelles Vous êtes engagé, Vous
conservez toujours avec ladite Maison
Ottomane une bonne paix & amitié;
C'est pour tout cela, que Nous Vous écri-
vons pour Vous faire sçavoir, que si dans
la conjoncture presente Vous Nous envoyez vôtre Ambassadeur, Vous trouverez que Nous Vous donnerons toute la
satisfaction possible, & autant qu'il
Nous sera permis de le faire; & encore
qu'il soit vray de dire que ladite Maison Ottomane a une haine particuliere
contre les Arabes, à cause qu'ils sont en
si grand nombre, que si tous ceux qui
sont dans les déserts se joignoient ensemble, ils tariroient le plus grand fleuve;

de plus que la crainte qu'elle a que dans la suite ils ne luy joüent un mauvais tour, l'empêche de leur témoigner à l'exterieur l'amitié qu'elle leur doit, lesquels Arabes sont tous, avec l'aide de Dieu, & sans aucun doute, sous notre domination ; Cependant si Vous aviez besoin d'un secours de troupes pour vous défendre contre la Maison Austrichienne, donnant l'assûrance convenable dans un tel cas, je vous l'envoyerois tant en Cavalerie, qu'en Infanterie, parce que Nous considerons, que vous êtes meilleur Voisin que les Austrichiens, & qu'il y a une meilleure correspondance avec Vous qu'avec eux ; ainsi, cela Vous étant agreable, Vous nous respondrez par vos Religieux ou vôtre Ambassadeur, & on Vous donnera une entiere satisfaction. Dieu Vous conserve pour beaucoup d'années. A Miquenez le 14. de la Lune de Chumed Eluel, l'an de l'Egire 1121.

CHAPITRE XI.

Raisons pour lesquelles on s'est adressé une seconde fois à l'Alcaïd Ali Ben Abdalla pour la Redemption. Traité fait entre l'Alcaïd & le Consul de France pour un rachat general des Esclaves François. Distinctions particulieres faites à l'Alcaïd à son entrée à Miquenez. Depart de France pour un troisiéme Voyage au sujet de la Redemption. Les Peres Députez s'embarquent à Marseille avec vingt-trois Esclaves Maures. Ils abordent à Alicant où il leur arrive une petite aventure. Fanfaronade Angloise. Ils sont poursuivis par un Vaisseau François pris pour un Ennemi. Leur arrivée à Malaga, où un de leurs Maures meurt.

DANS le troisiéme Voyage nous n'avons point à nous plaindre du Roy de Maroc, mais nous avons tout sujet d'accuser de mauvaise foy l'Alcaïd Ali Ben Abdalla. Il est vray que nous devions un peu connoître son caractere, puisqu'il nous l'avoit assez découvert la premiere fois que nous nous adressâmes à luy, comme je l'ay dit au Chapitre sixéme; ainsi il sembloit que le bon sens devoit nous détourner de nous adresser à luy une seconde fois; mais nous crûmes ne rien risquer en le faisant, puisque nous avions en la personne du sieur de la Magdeleine un Agent fort éclairé, tout-à-fait désinteressé, très-zelé pour la liberté des Esclaves, & qui devoit nous informer exactement de tout; que de notre côté nous prîmes toutes les mesures qui nous parurent necessaires pour n'être point trompez; j'ajoute à cela que nous avions appris que l'Alcaïd avoit été mal reçû dans son voyage à Miquenez en 1707. & que nous fûmes au contraire informez dans la suite qu'il avoit été bien reçû dans celuy de 1711. C'est pourquoy si dans ce troisiéme Voyage que nous avons fait, nous avons été trompez, il ne faut s'en prendre ni à ce Conful, qui dans cette occasion a fait tout ce qu'on devoit esperer de sa prudence, de son experience & de son zele éclairé, ni à nous qui avons pris les mesures les plus justes qui se pouvoient prendre, mais seulement à l'Alcaïd Ali Ben Abdalla, qui n'ayant pû réussir à une Redemption generale des Esclaves François, usa de toute sa finesse Mauresque, & couvrit l'affaire du voile d'un secret si profond, qu'il auroit fallu être plus qu'homme pour découvrir à tems ce secret; il prévit bien que si nous avions sçu les choses au juste, nous ne serions pas sortis de France, & que nous nous ferions contentez de nous donner les soins necessaires pour le payement de la rançon des vingt Esclaves qu'il avoit obtenus du Roy son Maître, &

pour luy envoyer vingt Maures, suivant les conventions faites de donner homme pour homme, & trois cens piastres par tête de surplus; & il craignit que nous ne nous missions pas beaucoup en peine de le satisfaire sur ce qui devoit luy revenir en particulier; au reste cette crainte n'étoit pas sans fondement, puisque nous aurions été en droit de l'en priver, n'ayant pas tous les Esclaves François, & les promesses à luy faites à ce sujet ne regardant qu'une Redemption generale; ainsi il fit tout ce qu'il fallut pour nous engager à venir, & pour s'assûrer le present qu'il esperoit de nous: il faut cependant luy rendre justice, & dire que nous croyons qu'il a eu une veritable intention de faire ratifier par le Roy son Maître le Traité fait entre luy & le sieur Consul, & qu'il n'a rien épargné pour réussir dans un rachat general; mais il devoit, ce me semble, declarer les choses comme elles s'étoient passées,

&

& sa bonne foy jointe à cette bonne intention nous auroit engagez à le satisfaire sur ce qui le touchoit en son particulier.

Le sieur de la Magdeleine ayant reçû les ordres de Monseigneur le Comte de Pontchartrain, se mit en devoir de les executer ponctuellement, suivant les pouvoirs qu'il avoit reçûs de nous. Pour y mieux reüssir, il commença par interesser Hamet Ben Soliman & Hadgi Abselem Lucas les deux principaux Secretaires de l'Alcaïd, qui luy promirent d'employer tout leur credit auprès de leur Maître; en effet cet Hamet Ben Soliman & cet Hadgi Abselem Lucas executerent si bien leur promesse, qu'après plusieurs conferences entre l'Alcaïd, les deux Secretaires & le Consul, il se fit un Traité d'un rachat general de tous les François Esclaves dans les Etats du Roy de Maroc, suivant le plan que nous en avions donné. Je ne trouve pas necessaire de rapporter toutes les particularitez de ces conferences, & je me contenteray de dire que le sieur de la Magdeleine donna à l'Alcaïd une Lettre très-obligeante que Monseigneur le Comte de Pontchartrain luy avoit écrite en faveur des Esclaves, & que cet Alcaïd promit d'employer son credit auprès du Roy son Maître pour leur liberté; que ce Consul luy remit ensuite une autre Lettre que le Roy défunt de glorieuse & triomphante memoire avoit aussi écrite à ce Prince, en réponse à celle que Sa Majesté en avoit reçuë & dont j'ay donné la copie au Chapitre précedent, & que cet Alcaïd après avoir baisé cette Lettre avec beaucoup de respect, & l'avoir portée sur sa tête, avoit promis de l'envoyer à son Roy & de l'accompagner d'une des siennes; que l'Alcaïd doutant que le Roy son Maître voulût de l'argent, proposa sa difficulté au Sieur de la Magdeleine, & en-même tems luy demanda (en cas que cela arrivât) s'il luy feroit permis d'envoyer en France un homme pour y prendre les marchandifes qui conviendroient au Prince, au lieu de l'argent qu'on promettoit; que ce Conful ayant accepté cette propofition, parce qu'il la trouvoit avantageufe, en écrivit à Monfeigneur le Comte de Pontchartrain, & que ce Miniftre y confentit volontiers, pourvû que cet homme n'eût pas la qualité d'Envoyé du Roy de Maroc, mais qu'il vint comme un fimple Commiffionnaire, & cela pour éviter les ceremonies & les dépenfes qu'on avoit déja faites au fujet des deux Envoyez de ce Prince, & qui n'avoient abouti à rien; que l'Alcaïd ne manqua pas d'exalter fa faveur auprès du Prince, & de faire reffouvenir que c'étoit par fon credit que les Efclaves Anglois & Hollandois avoient obtenu leur liberté; qu'enfin il promit de faire ratifier le Traité par le Roy dans le voyage qu'il devoit faire inceſſamment à Miquenez, pour porter à ce Prince les revenus de ſon Gouvernement & les preſens ordinaires.

En effet l'Alcaïd partit pour la Ville Royale, & il fut reçû du Roy avec toutes les diſtinctions ordinaires; car il faut ſçavoir que ce vieux Miniſtre a toujours été très-conſideré du Roy ſon Maître, qui ne l'a jamais maltraité comme il a fait tous les autres Alcaïds, & que ce Prince avoit une eſpece de veneration pour luy, depuis que ſe trouvant tous deux enſemble au Siege de Ceüta en un endroit perilleux, & l'Alcaïd ayant reçû ſur ſes habits pluſieurs coups de fuſil ſans être bleſſé, le Roy s'étoit imaginé que Mahomet avoit fait un miracle en ſa faveur; auſſi depuis ce tems-là il l'a toujours regardé comme un Saint. Quand cet Alcaïd alloit à Miquenez, il y entroit comme en triomphe; le

Roy envoyoit au-devant de luy toute fa Mufique Maurefque, & il luy faifoit prefent d'un cheval de fon écurie, d'une lance, d'un fabre & d'une vefte ; lorfqu'il abordoit le Roy, il ne le faifoit pas, comme les autres Alcaïds, d'une maniere baffe & rampante, mais avec un air grave & libre. Dans toutes les conferences qu'il avoit avec ce Prince, il luy parloit avec une liberté, qui, quoyque refpectueufe, auroit coûté la vie aux autres, qui connoiffant le genie de leur Maître n'ofent répondre à ce qu'il leur dit que par ces paroles, *Naham, Cidi*, vous dites bien, Seigneur ; mais pour l'Alcaïd, il étoit en poffeffion de luy parler plus librement, & même de luy dire certaines veritez, fans que le Prince le trouvât mauvais. Pendant fon féjour, le Roy luy envoyoit fouvent des plats de fa table, & le faifoit aller à cheval à fes côtez, la lance en main ; enfin quand il fortoit de Miquenez pour retourner à son Gouvernement, on luy faisoit à peu près les mêmes ceremonies qu'à son entrée. Il est vray que vû l'humeur bizarre du Roy de Maroc, il est quelquefois tombé en sa disgrace, mais comme il connoissoit parfaitement bien l'humeur & le genie du Prince, & qu'il sçavoit d'ailleurs en être consideré, il n'avoit pas beaucoup de peine à rentrer en grace avec luy, & il avoit le secret de devenir plus puissant que jamais. Cependant avec tout cela, me dira-t'on, cet Alcaïd n'a pû faire ratifier le Traité fait pour un rachat general des Esclaves François; mais cette objection ne peut servir au contraire qu'à prouver davantage le peu de disposition où a toujours été le Roy de Maroc à se défaire des Esclaves qui peuvent luy rendre service dans les ouvrages ausquels il les employe.

Toutes les Lettres qu'on recevoit de Miquenez n'étoient donc que pour apprendre le détail de la magnifique reception que le Roy de Maroc avoit faite à l'Alcaïd Ali Ben Abdalla; ainsi le sieur de la Magdeleine avoit tout lieu de se persuader que ce Prince ratifieroit le Traité, & qu'à cette fois tous les Esclaves François auroient leur liberté. Ce Consul ne manqua pas d'en informer Monseigneur le Comte de Pontchartrain, en luy détaillant tout ce qui s'étoit passé à cette magnifique reception. Il nous écrivit aussi pour nous apprendre toutes ces nouvelles. L'Alcaïd étant de retour à Tanger, le sieur de la Magdeleine ne tarda pas à l'aller saluer, & à luy faire des complimens de felicitation sur l'heureux succès de son Voyage. Cet Alcaïd luy dit qu'il avoit parlé au Roy du Traité, que ce Prince l'avoit ratifié, & enfin qu'il luy avoit permis d'emmener avec luy tous les Esclaves François, mais qu'il n'avoit pas voulu s'en charger, parce qu'il luy en auroit trop coûté pour les nourrir jusques à notre arrivée, & qu'il s'étoit contenté d'en amener vingt avec lûy comme des arrhes de la conclusion du Traité; mais que dès que nous ferions arrivez à Ceüta, il feroit venir tous les autres, & qu'en attendant, & si on le jugeoit à propos, il envoyeroit en France deux de ces vingt Esclaves, pour y porter les nouvelles du chat general de leurs compatriotes. Le sieur Consul devoit être content, & n'avoit plus rien à faire qu'à informer Monseigneur le Comte de Pontchartrain de l'heureuse conclusion du Traité, & à nous écrire pour nous engager à partir pour Ceüta sans perdre de tems, attendu que les Maures sont impatiens, & qu'ils voudroient que les choses se fissent d'abord qu'elles sont concluës, sans considerer qu'il faut le tems à toutes choses. Les Lettres du Consul reçûës avec joye, nos Superieurs eurent ordre de faire partir incessamment les Peres Deputez pour la Redemption. Comme j'avois été continué dans ma deputation au Chapitre

pitre de notre Congregation, tenu au mois de May 1711. auquel le Reverend Pere Henry Amelon avoit été élû Vicaire General, je sortis de Paris le Vendredy 16. Octobre 1711. avec le Pere Dominique Busnot mon ancien collegue, & le Pere Robert Hardouin Mey de Valombre Docteur de Sorbone & Ministre du Convent d'Estampes, tous deux Deputez pour l'Ordre de la très-Sainte Trinité. Avant mon départ j'avois fait payer à Cadiz la rançon de François Filis natif de Brest diocese de Saint Pol de Leon. Cet Esclave avoit été racheté par la voye d'un Marchand François de Salé, moyennant 300. piastres & un Maure de retour, que j'ay eu soin de renvoyer dans son païs, après en avoir obtenu la liberté *gratis* de Monseigneur le Comte de Pontchartrain. Ce qui avoit facilité le rachat de cet Esclave, c'est qu'il étoit estropié d'une main, & par consequent inutile aux travaux du Roy de Maroc. Nous arrivâmes à Marseille le Mercredy 4. Novembre. Les deux Peres allerent au Convent de leur Ordre, pour y loger pendant le séjour en cette Ville, & moy j'allay au Convent de la Mercy, où le Reverend Pere Gubert Commandeur me reçut parfaitement bien. Le Pere Rouve Commandeur du Convent de la Mercy de Toulon, & second Deputé pour sa Province, arriva quelque tems après, mais il ne fut pas du Voyage, parce qu'il luy vint un ordre de la Cour de rester, pour ne point augmenter la dépense par la multiplicité des Peres Deputez pour la Redemption, & parce que son collegue & premier Deputé pour cette Province suffisoit; il eut le même sort qu'avoit eu à Paris le Pere Germain Beguin second Deputé pour notre Congregation, qui avoit reçû un pareil ordre & pour la même raison.

L'Alcaïd Ali Ben Abdalla avoit demandé que nous amenassions avec nous trente deux Maures Esclaves sur les Galeres de France, & le sieur de la Magdeleine nous avoit envoyé la liste de ceux qu'il souhaitoit avoir; mais nous n'en pûmes trouver que vingt-trois, qui nous furent accordez *gratis* par ordre de Monseigneur le Comte de Pontchartrain. Le sieur Michel, qui a été en Perse en qualité d'Envoyé du Roy, & qui devoit aller à Tunis, & comme Envoyé & comme Consul, nous obtint auprès du sieur Arnoul Intendant des Galeres, la permission de prendre dans les Magasins du Roy les vivres necessaires pour la nourriture des vingt-trois Maures depuis Marseille jusques à Malaga, & on leur donna même jusques à du bois pour faire leur cuisine. Monsieur du Rozel Commissaire Ordonnateur nous rendit service dans cette occasion. Après un séjour à Marseille de près de deux mois, parce qu'il nous falloit un bon vent maëstral, qui est le vent de Nord-Oüest, pour pouvoir éviter le dangereux Golfe de Leon, nous partîmes avec nos vingt-trois Maures le Mardy 29. Decembre fur une Barque commandée par le Patron Patot. Le vent étoit fort & obligea tant les gens de l'équipage que les paſſagers de rendre le tribut à la mer Mediterranée. Nous arrivâmes à Alicant le Lundy 4. Janvier 1712. & nous débarquâmes enſuite pour aller à la Ville. Il y avoit à la rade un Vaiſſeau François chargé de moluë feche, & le Facteur de ce Vaiſſeau, nommé le ſieur Boſchet, que nous avions connu à Cadiz, nous apperçevant dans la chaloupe, mit la ſienne en mer, & nous vint joindre au Môle. Nous fûmes agreablement ſurpris de le voir, & les complimens faits il voulut nous accompagner en Ville, où il nous arriva une petite aventure à la porte.

Le Pere Mey de Valombre avoit donné ſon ſac & ſon Breviaire à un de nos Maures pour les porter. Ce

Maure, qui étoit *Talbe*, & qui paſſoit pour Saint parmi les autres, tenant le Breviaire à la main, fut arrêté, le Breviaire fut ſaiſi & enſuite porté au Commiſſaire de l'Inquiſition; car il faut ſçavoir que dans toutes les Villes d'Eſpagne, & ſur tout dans les Ports de mer, il y a un ordre, ſous peine d'excommunication de la part du grand Inquiſiteur, à tous ceux qui ont la garde des portes, de ſaiſir tous les livres qu'ils pourront trouver, & de les porter aux Officiers de l'Inquiſition, & cela pour empêcher l'introduction des livres herétiques en Eſpagne. Cette aventure ne nous empêcha pas d'aller rendre nos devoirs à Monſieur le Gouverneur, qui étoit Napolitain, & qui ne nous reçut pas trop bien : nous allâmes enſuite ſaluer le ſieur Bigodet Conſul de France, que nous avions vû en 1709. à la Corogne, où il exerçoit pour lors le Conſulat. Le lendemain nous retournâmes chez l'un & l'autre pour les prier de faire rendre le Breviaire saisi, mais ils ne voulurent pas se mêler de notre affaire; ainsi il nous fallut agir par nous-mêmes & aller chez le Commissaire de l'Inquisition, qui étoit Doyen de l'Eglise Collegiale de Saint Nicolas, & qui nous renvoya à l'Examinateur des livres. Cet Examinateur étoit Chanoine de cette Collegiale, & nous le trouvâmes dans l'Eglise avec un autre Ecclesiastique; après l'avoir salué je luy dis en langue Espagnole, que le livre saisi étant un Breviaire, ne contenoit par consequent rien contre la Foy, & qu'ainsi je le suppliois d'avoir la bonté de nous le rendre. Il nous fit sortir de l'Eglise pour nous mener dans un petit Cloître, où il me répondit que les Hymnes nouveaux n'étoient point dans le Breviaire, suivant la Bulle de Pie V. qui ordonne de les mettre dans tous les Breviaires Romains; & aprés m'avoir lû une partie de cette Bulle, qui étoit au commencement de son Breviaire qu'il avoit tiré de sa poche, il me dit que pour cette raison il ne pouvoit pas rendre le Breviaire saisi. Je luy repliquay là-dessus que la Bulle de ce Pape n'étant pas reçûë en France, il nous étoit libre de reciter les Hymnes anciens; mais ma réponse n'ayant pas suffi, les deux Peres le menacerent en bon Latin d'en écrire à Madrid, & pour l'engager davantage à nous donner satisfaction, celuy des deux qui étoit le plus interessé dans l'affaire, l'assûra, que s'il ne luy rendoit son Breviaire, il seroit cause qu'il ne le diroit pas, attendu que ses collegues n'étoient plus dans la volonté de luy prêter les leurs, quand il en auroit besoin; mais on luy repartit qu'il pouvoit en acheter à Alicant un où les hymnes nouveaux seroient; enfin cet Examinateur ayant sçu que cet achat ne se feroit qu'aux dépens des Esclaves, se détermina à rendre le Breviaire, après avoir corrigé l'hymne de l'Office de la Sainte Vierge, *Quem terra, pontus, æthera*, en effaçant, *æthera*, & mettant au-dessus, *sidera*, & à la derniere strophe de l'hymme, en effaçant, *Gloria tibi, Domine*, & mettant au-dessus, *Jesu, tibi sit gloria*. Ainsi on peut dire que le Breviaire d'un Docteur de Sorbone a été mis à l'Inquisition, & corrigé par un Officier de ce Tribunal. Depuis cette aventure, le Pere eut bien soin de cacher son Breviaire à toutes les portes des Villes d'Espagne où nous entrâmes depuis.

Le Mercredy 6. jour des Roys, nous allâmes voir une Relique, qui s'appelle la *santa Facia*, la sainte Face, & qui est dans la Sacristie de l'Eglise des Dames Cordelieres. Ce Convent, qui est composé de soixante-quinze Religieuses de Chœur, est à une demie lieuë de la Ville, & situé dans une vallée, qui, quoyque nous fussions en hyver, nous parut devoir être un paradis terrestre dans le Printems. Les dattes que nous mangeâmes à Alicant, & qui ne viennent en maturité que dans cette vallée, quoyqu'il y ait beaucoup de Palmiers en Espagne, nous prouverent encore la bonté & la fertilité du climat; il est vray que ces dattes ne sont pas si bonnes que celles de Barbarie, parce que c'est un fruit qui demande beaucoup de chaleur. Nous allâmes aussi voir le Château situé sur le haut d'une montagne qui est proche de la Ville du côté du Nord, & le Gouverneur nous donna permission d'y entrer, quand il sçut que nous étions François. Entre ce Château & la Ville il y avoit des pieces de la montagne d'une grandeur & d'une grosseur prodigieuses ; c'étoit l'effet d'une mine que les François joints aux Espagnols firent jouer, après avoir pris la Ville sur les Anglois pendant la derniere guerre, & encore ne fit-elle pas tout son effet, parce qu'elle fut en partie éventée par les pores de la montagne. A ce sujet il faut que j'apprenne au Lecteur, s'il ne le sçait pas, une fanfaronade

Angloise. Les François ayant averti le Gouverneur Anglois qu'il y avoit une mine, & l'ayant fait sommer de se rendre avant qu'on y mît le feu, ce Gouverneur fit mettre une table bien garnie au-dessus de l'endroit où on luy avoit dit que la mine étoit, & il convia tous les Officiers de la Garnison; ils commencerent à boire à la santé de l'Empereur, du Roy Charles III. de la Reine Anne & de tous les Princes de la Ligue; mais ils ne purent pas achever leur repas, car la mine ayant joué, la table, le Gouverneur & les Conviez disparurent & furent ensevelis sous les ruines d'une partie du Château, qui auroit été entierement abîmé, si la mine avoit eu tout son effet; mais elle en eut assez, puisqu'elle força la garnison, dénuée d'Officiers, de se rendre à composition. Nous fûmes toûjours accompagnez du sieur Boschet, qui voulut que nous prissions nôtre logement dans son Vaisseau, & qui nous y traita de son mieux.

Notre Patron ayant fini ses affaires, nous partîmes d'Alicant pour nous rendre à Cartagene, où nous entrâmes le Dimanche 17. pour y rester encore quelques jours, & ensuite reprendre notre route pour Malaga, où nous abordâmes le Samedy 30. sur le soir. Le sujet qui nous fit faire ces pauses, c'est que le chargement de la Barque étoit destiné pour ces trois Villes, & cela ne servit qu'à retarder notre Voyage; mais nous ne pouvions faire autrement. Dans la traversée de Cartagene à Malaga nous eûmes une terrible peur. Un Vaisseau parut le matin un certain jour; il étoit à deux lieuës de nous du côté du Sud, & il tira plusieurs coups de canon à boulet, pour nous obliger à arborer Pavillon. Notre Patron fit mettre & ôter en même tems son Pavillon, & ne songea plus qu'à s'échaper. Par bonheur le vent qui nous étoit contraire pour faire route, étoit par conséquent bon pour fuir; mais notre voile latine, qui est en triangle, portant trop de vent, notre principal mât craqua & se rompit par le bas, sans pourtant tomber; alors il fallut rester & attendre la miséricorde du Seigneur; en l'attendant, le cœur palpitoit à tous, mais principalement au Patron & à de petits Marchands Provençaux qui alloient s'établir à Malaga, & qui auroient perdu tout leur bien, si nous avions été pris; cependant nous en fûmes quittes pour la peur. Plus ce Vaisseau s'approchoit de nous, plus notre crainte diminuoit, parce que notre Patron jugeoit qu'il étoit François. Il ne se trompa pas, parce que c'étoit un Armateur de Marseille, & le Capitaine étoit son meilleur ami. Alors la joye succeda à la tristesse, & notre Patron envoya dans la chaloupe des Officiers pour le saluer & luy donner un avis dont il sçut bien profiter. Ce Capitaine leur dit qu'il nous avoit crû ou pris par les Ennemis, ou Genois, parce que nous avions la chaloupe à la traîne, & qu'en cas de prise il avoit voulu reprendre la Barque & profiter de la dépoüille.

Nous couchâmes à la rade de Malaga, & pendant la nuit nous entendîmes tirer beaucoup de canon ; à la pointe du jour nous vîmes quatre Vaisseaux de guerre Anglois, qui poursuivoient de près cet Armateur ; mais il se refugia dans le Port, où il avoit envoyé une prise Angloise, qui avoit été le sujet de l'avis que notre Patron luy avoit fait donner. Les Vaisseaux Anglois furent obligez de se retirer au plus vîte, parce qu'on tiroit sur eux de la batterie de canon qui est sur le Môle du Port. Le Dimanche 31. nous débarquâmes de bon matin pour nous rendre à la Ville, & nous trouvâmes sur le Môle le sieur Jean-Baptiste Ami Marchand François, qui attendoit son beau-frere, qu'il sçavoit s'être embarqué avec nous à Marseille, & qui nous fit promettre de prendre notre logement chez luy. Il nous conduisit donc à sa maison, où nous eûmes la visite du sieur le Comte aussi Marchand François, qui nous témoigna beaucoup de chagrin de s'être laissé prévenir, & qui étant natif de Grasse en Provence, ne dément point le nom de sa Ville, car on ne peut pas trouver un homme plus gracieux que luy. Je ne fus pas plutôt arrivé à la maison, que je me disposay pour aller au Convent de la Mercy y celebrer la fête de S. Pierre Nolasque, Patriarche & Fondateur de notre Ordre, & le sieur le Comte m'accompagna pour me montrer le chemin. Nous demeurâmes à Malaga plus que nous ne l'aurions voulu, parce qu'un de nos Maures tomba si malade, que nous fûmes enfin forcez de le laisser, & il mourut le lendemain de notre départ. Nous allâmes rendre nos devoirs à Monsieur le Gouverneur, qui parloit bon François, & qui l'étoit aussi d'inclination. Il nous reçut fort gracieusement, & il nous a toujours reçûs de même toutes les fois que nous avons eu l'honneur de l'aller saluer; il eut la bonté de nous donner une route par terre jusques à Cadiz, & cette route nous fut d'un grand secours pour le logement de nos Maures : ainsi je croirois manquer à la vertu de gratitude si je n'apprenois pas au Lecteur son nom & ses qualitez. Ce Seigneur Espagnol se nomme Dom Baltazar d'Amezaga, Marquis de Riscal d'Alegre, Lieutenant General des Armées du Roy d'Espagne, & Commandeur de l'Ordre de S. Jacques. Nous rendîmes aussi plusieurs fois visite au sieur Fleuri de Vareilles Consul de France, qui nous reçut toujours très-agreablement.

CHAPITRE XII.

LES Peres Deputez partent de Malaga avec un plaisant équipage. Leur arrivée à Cadiz & de là à Ceuta, où ils font bien reçûs. On met les Maures en prison, & pourquoy. Naïve réponse d'un Maure. Description de la Ville & Port de Ceuta. Description du Camp des Maures. L'Alcaïd Ali Ben Abdalla est averti de l'arrivée des Peres Deputez. Découverte de la mauvaise foy de l'Alcaïd. Sa colere & ses menaces au sujet du refus à luy fait d'échanger les 22. Esclaves Maures avec les 20. Esclaves François qui étoient au Camp. Cause de ce refus. Promesse faite d'écrire pour France, appaise l'Alcaïd. Ordre au nouveau Consul de Teroüan de sortir des Etats du Roy de Maroc. Consulats de Salé & de Tetoüan, mauvais postes. Courier

Courier du Cabinet envoyé à Cadiz. Ordre de la Cour de faire l'échange. Un des Peres Députez va à Cadiz pour y prendre l'argent de la rançon des 20. Esclaves François.

APRE'S avoir remercié le sieur Jean-Baptiste Ami notre Hôte de toutes ses honnêtetez, & avoir pris toutes nos audiences de congé, nous sortîmes de Malaga le Jeudy 11. Fevrier, qui étoit le lendemain du jour des Cendres, mais ce fut avec un veritable équipage de Boëmiens. Outre nos 22. Maures, qui étoient en partie Noirs & en partie Blancs, nous avions encore avec nous une quinzaine de Maures tant hommes que femmes, filles & garçons, qui ayant eu leur liberté alloient à Cadiz pour de-là s'en retourner chez eux; & certainement si nous avions été en France, nous n'aurions pas osé paroître en cet équipage, parce que nous aurions été huez & raillez dans tous les endroits où nous aurions passé ; mais étant en Espagne, nous n'en fîmes point de difficulté, parce qu'outre que les Espagnols ont beaucoup de respect pour les Religieux, c'est qu'ils sont plus accoutumez que les François à voir des Maures, & plus au fait touchant les differentes manieres de faire la Redemption des Esclaves. Nous eûmes beaucoup de peine à conduire nos Maures ; mais enfin nous arrivâmes à Cadix le Vendredy 19. Nous y trouvâmes le Pere Paschal Durand premier Député pour la Province de Guyenne de l'Ordre de la Mercy, & qui ayant pris sa route par l'Espagne y étoit arrivé avant nous. Nous ne tardâmes point à informer le sieur de la Magdeleine de notre arrivée à Cadiz, & sa réponse reçûë, nous sortîmes de ce Port le Jeudy 17. Mars pour nous embarquer dans un grand bateau Genois que nous avions freté : nous fûmes accompagnez d'un

Officier & de plusieurs Grenadiers, que Monsieur le Gouverneur de Cadiz, dont j'ay oublié le nom, nous avoit donnez tant pour nous assurer contre notre troupe Mauresque, que pour escorter trois Bateaux chargez de vivres & de marchandises pour Ceüta, où nous débarquâmes le lendemain. Nos Maures voyant les côtes de leurs Païs auroient bien voulu qu'on les eût descendus à terre; mais s'il étoit tems pour eux, ce n'étoit pas encore le tems pour nous.

Nous commençâmes à rendre nos devoirs à Monsieur le Gouverneur, qui a le titre de Capitaine General de Ceüta. Ce Gouverneur, nommé Dom Gonzalo Chacon y Orellano nous reçut très-gracieusement, & nous eûmes l'agrément de luy faire nos complimens en François, parce qu'il le parloit assez bien, ayant long-tems servi en Flandre. Il nous pria de permettre que nos Maures fussent mis dans la prison publique, pour empêcher qu'il ne s'en échapât quelqu'un par mer, qui pût donner avis de l'état de la Place à l'Alcaïd Ali Ben Abdalla qui commandoit au fiege. Siege qui a duré plus de 30. ans, & jufques à ce que Philippe V. ait envoyé une armée pour le faire lever, comme les Gazettes nous l'ont appris. Il eft vray que ce fiege n'étoit que du côté de terre, car pour la mer elle a été toujours libre, & ainfi on pouvoit plutôt dire que c'étoit un demi blocus. Nous n'eûmes pas beaucoup de peine à confentir à la demande de Monfieur le Gouverneur, parce que de notre côté nous avions auffi peur de perdre quelques-uns des Maures; mais pour eux ils y entrerent avec un chagrin qu'ils ne pûrent s'empêcher de témoigner, & nous fûmes obligez de leur faire entendre raifon là-deffus. Deux d'entre eux avoient la liberté de fortir pour aller acheter leurs provifions avec l'argent que nous leur donnions; car nous les avons nourris depuis Malaga jufques à leur échange. Je me fouviens qu'un, qui n'étoit pas du nombre de nos vingt-deux, mais qui ayant eu fa liberté à Genes, s'étoit embarqué avec nous à Marfeille, étant tombé malade, j'allay en la prifon pour l'en faire fortir & le conduire à l'Hôpital; je fus furpris de voir qu'il ne le voulut jamais, dans la crainte, difoit il, qu'on ne luy jettât de l'eau fur la tête pour le faire Chrétien, & me difant que s'il avoit à mourir, il vouloit mourir avec fes freres: il ne feroit pas mort fans affiftance, puifque parmi nos Maures il y avoit un *Talbe*; je le laiffay donc là, & il ne mourut pas.

Avant que d'aller plus loin il eft neceffaire que je faffe le plan de la ville de Ceüta, fi fameufe pour avoir foûtenu un fi long fiege. Cette Ville eft fituée dans un Ifthme qui fe trouve entre le détroit de Gibraltar & une Baye qui eft du côté de Barbarie;

elle est petite, & les maisons étoient en partie ruinées par la quantité de bombes & de grosses pierres que les Maures y jettoient fort souvent avec des mortiers. Les ruës en sont étroites & mal pavées ; l'Eglise Cathedrale étoit entierement découverte, & servoit de logement aux Soldats de la garnison, qui s'y logeoient le mieux qu'il leur étoit possible. Cette Eglise est située dans une grande Place, & à son opposite se trouve la Chapelle nommée *Nuestra Segnora de Africa*, pour la distinguer d'une autre Chapelle nommée *Nuestra Segnora de Europa*, & qui est de l'autre côté du Détroit près Gibraltar. Les Chanoines font l'Office dans cette Chapelle de *Nuestra Segnora de Africa*, dont la couverture est à l'épreuve des bombes. Le Siege étoit pour lors vacant, & il n'y avoit que deux Grands-Vicaires, qui étoient freres, & qui nous ont fait toutes sortes d'honnêtetez, soit en nous accordant toutes les permissions qu'ils pouvoient nous donner comme Vicaires de l'Evêché, soit en nous recevant chez eux le plus affectueusement du monde, quand nous y avons été pour leur rendre visite, tant à notre arrivée, que pendant notre sejour. Je dois rendre la même justice à tous les Officiers de la Garnison, qui ont toujours eu pour nous tous les égards possibles, à l'exemple de leur Gouverneur, qui étoit un Seigneur fort pieux & tres-sage, & qui nous a fait l'honneur de nous admettre à sa table plusieurs fois. A un côté de la Place, & proche de la Cathedrale il y a un Convent de Religieux Déchaux de l'Ordre de la tres sainte Trinité, qui ne nous ont pas reçûs avec moins de bienveillance, & qui nous ont rendu beaucoup de services. Ce Convent est fort exposé aux bombes & aux pierres. Un jour il tomba une bombe sur une chambre du Convent, que les Religieux appellent *la*

Contadouria, c'est-à-dire, la chambre des comptes, parce que c'est-là où ils s'assemblent pour regler leurs affaires temporelles. Cette chambre fut donc entierement ruinée; & si par malheur la bombe étoit tombée sur le Refectoire, toute la Communauté, qui étoit alors à dîner, en auroit été infailliblement accablée. Lorsque nous vîmes ce débris, une sueur froide nous prit, parce qu'il n'y avoit que peu de jours que les Religieux nous y avoient donné la collation, & même nous y étions restez long-tems en conversation. Je me souviens que le Vendredy Saint un de nous confessant un François de son pays, qui avoit été banni à Ceüta, un boulet de canon tomba dans le preau du Cloître, & qu'aussitôt le Confesseur quitta son Penitent en le remettant à un autre jour. (J'étois pour lors dans le Cloître, & je maniay ce boulet, qui pouvoit bien peser huit livres;) que le Samedy Saint

assistant

assistant à l'Office du matin, nous entendîmes un cliquetis de pierres qui tomboient proche l'Eglise, & que nous demeurâmes fermes; parce que nous commencions déja à nous faire au bruit. Il y a encore un Hopital au milieu de la Ville, laquelle n'a pour sa défense qu'une muraille, à la verité plus fortifiée & bien garnie de canons du côté du camp des Maures, sur tout d'une belle piece nommée la Francesa. Il est vray qu'au dehors les Espagnols avoient fait des fourneaux, par le moyen desquels ils ont fait perir & sauter en l'air un grand nombre de Maures, qui aussi les craignoient beaucoup. Un jour entr'autres, à ce qu'on nous a dit, un fourneau fit sauter un Noir d'une hauteur prodigieuse, & ce Noir ayant franchi en l'air la muraille, tomba en vie dans la grande Place le sabre à la main, & vécut encore plusieurs jours après. Pour moy qui n'en crois rien, je suis par consequent bien éloigné de vouloir le faire croire aux autres.

Entre la Ville & de hautes montagnes qui sont au Roy de Maroc, il y a une grande & vaste plaine où étoit le Camp des Maures; mais de l'autre côté il y a une montagne assez haute, qui fait une presqu'Isle, & qui appartient au Roy d'Espagne. Cette montagne, dont on pourroit faire une Isle separée de la Ville, en nettoyant le canal qui est devant la porte, peut avoir de circonference deux bonnes lieuës, & elle est baignée presque de tous côtez par les eaux de la mer Mediterranée. Il y a au bas de cette montagne, du côté de la Ville, un fauxbourg nommé Almina, où est le Palais du Gouverneur, un Convent des Recollets, & beaucoup de maisons sans jardins & avec jardins. Les Peres Recollets nous ont aussi fait beaucoup d'amitié, & il y en avoit entr'autres un cy-devant Gardien de leur Convent de

Miquenez, qui nous a rendu service par la connoissance qu'il avoit des manieres de Barbarie : nous prîmes notre logement dans ce fauxbourg, pour être proche du Palais du Gouverneur, qui nous y fit mettre dans une maison vacante par l'absence du Maître, qu'il avoit envoyé en Espagne pour affaire. Dans cette maison nous n'étions pas trop à l'abry, puisqu'un jour un boulet de canon passa pardessus, & vint tomber dans le jardin. Au haut de la montagne il y a une maison qui servoit autrefois de guerite aux Maures, quand ils possedoient Ceüta, & qui en sert à present aux Espagnols ; & au penchant du côté du fauxbourg nous y avons vû une fontaine, dont l'eau est très-bonne & d'un grand secours pour les Habitans ; à l'entour il y a plusieurs fortins aux endroits où l'accès est facile, & nous les avons vûs le Pere Busnot & moy, lorsque nous avons fait le tour de la montagne, que nous trouvâmes en des endroits remplie d'arbrisseaux si touffus, que nous eûmes bien de la peine à passer. Il se faisoit autrefois dans la grande Baye une pêche de thons; mais depuis le siege le bruit du canon en a chassé le poisson, outre qu'il y avoit du peril à y aller; mais de l'autre côté entre le Port & la montagne il s'en fait une tous les ans de bonitos, que les Espagnols salent pour les transporter en Espagne dans des barils. Cette pêche, qui se fait au tems de Pâques est très-abondante, & ce poisson, fait à peu près comme une alose, est excellent; nous avons vû faire cette pêche & nous avons mangé de ce poisson, c'est pourquoy j'en peus parler avec connoissance de cause. Ceux qui entreprennent cette pêche, demandent la permission au Gouverneur, qui de son côté en reçoit une bonne somme. Le Port de la Ville est petit, & n'a qu'un méchant Môle pour la commodité de ceux qui s'embarquent & qui débarquent, & il est défendu par quelques pieces de canon & trois Galeottes, qui sont aussi destinées pour pouvoir courir sur celles des Maures quand elles paroissent dans le Détroit. Il y a aussi plusieurs grands Bâteaux tant pour apporter des provisions d'Espagne pour la Ville, que pour y porter les Lettres, & en rapporter les réponses. On trouvera ce plan plus exact que ceux que j'ay fait de Salé & de Miquenez. La raison en est, que j'ay eu plus de liberté & plus de tems aussi pour tout examiner, ayant demeuré à Ceüta environ deux mois.

Il faut à present parler du Camp des Maures. J'ay déja dit qu'il étoit entre la Ville & de hautes montagnes qui sont au Roy de Maroc, dans une plaine très-vaste. Cette plaine regardée du côté de la Ville, a le détroit de Gibraltar à sa droite

& à sa gauche une partie de la grande Baye & le païs des Maures. Comme le terrain en est bon, l'Alcaïd Ali Ben Abdalla, qui commandoit au siege, la faisoit cultiver par les Soldats du Camp, qui ensuite faisoient la moisson & cuëilloient le raisin, le tout au profit de l'Alcaïd, qui se contentoit de leur fournir le bled pour l'ensemencer, sans leur donner un felou pour leurs peines. Les Soldats du Camp étoient des Arabes du Gouvernement de l'Alcaïd, qui les contraignoit de venir servir le Roy à leurs dépens pendant un mois; le mois fini il en revenoit d'autres pour les remplacer, & ainsi successivement. Il n'y avoit que les soldats Noirs que le Roy envoyoit, qui recevoient la solde, dont ils se faisoient payer exactement, le tout aux dépens de cet Alcaïd, qui fournissoit aussi la poudre à canon, à l'exception des Vendredys, les Juifs étaient obligez de fournir celle qui se consommoit ces jours-là, & dans lesquels pour cette raison il se faisoit sur la Ville un plus grand feu de canon & de mortiers; en telle sorte qu'on peut dire que le Roy de Maroc n'a pas dépensé un selou pendant tout le tems d'un si long siege. Il y avoit pour toute artillerie six pieces de canon, qui étoient cachées & posées de maniere qu'après avoir été déchargées elles tomboient dans une fosse faite exprès pour les recevoir, & cela pour empêcher le canon de la Ville de les démonter; mais il y avoit un assez grand nombre de mortiers, avec lesquels les Maures jettoient des bombes & de grosses pierres sur la Ville. L'Alcaïd avoit fait bâtir dans le Camp, hors de la portée du canon, une maison fort commode pour luy & pour sa nombreuse famille, & cela pour prouver aux Espagnols qu'il ne décamperoit point qu'il n'eût pris la Ville, & aussi pour convaincre le Roy son Maître de la resolution qu'il avoit prise de vaincre ou de mourir; mais il en est mort à la peine: il n'avoit pas cependant grande envie de la prendre, vû le profit considerable qu'il tiroit des bleds & des raisins que cette grande plaine luy fournissoit avec si peu de dépense de sa part. J'ay oui dire à un Officier de la Garnison qu'il y avoit long-tems que cet Alcaïd auroit été le maître de la Ville, s'il avoit voulu, & pour prouver son dire il m'assura qu'il avertissoit secretement le Gouverneur, quand il sçavoit que le Roy de Maroc devoit envoyer au Camp un gros renfort de Soldats Noirs, afin qu'il se tint sur ses gardes. Le Camp n'avoit pour toute défense du côté de la Ville qu'un large & haut fossé à la distance necessaire pour se mettre à l'abry des fourneaux; cependant il est arrivé quelquefois que les Mineurs Espagnols, poussant leurs ouvrages plus loin que les Maures ne pensoient, ont fait sauter par de nouveaux fourneaux tous ceux qui étoient dans la tranchée.

Il eſt tems de reprendre le fil de notre narration. Le lendemain de notre arrivée nous priâmes Monſieur le Gouverneur de faire mettre la Banniere blanche, pour demander une ſurſéance d'armes, & pour faire ſçavoir en même tems qu'on avoit quelque choſe à dire au Commandant du ſiege. La Banniere miſe, il vint quelque tems après un homme du Camp, à qui on banda les yeux avant que de l'introduire dans la Place. Nous parlâmes à cet Envoyé, qui ſçavoit la langue Eſpagnole, & nous luy donnâmes une Lettre pour l'Alcaïd, par laquelle, après l'avoir informé de notre arrivée avec 22. Maures, nous le priâmes de faire venir au plutôt de Miquenez, de Larache & de Salé tous les Eſclaves François pour nous les remettre entre les mains, en l'aſſûrant que nous luy fournirions tout l'argent dont on étoit convenu, tant pour leur rançon que pour le satisfaire sur ce qui devoit luy revenir, & que nous luy livrerions les 22. Maures que nous avions, avec promesse de faire venir dans une année le restant; le tout conformément au Traité fait entre luy & le Consul de France, & qu'il avoit fait ratifier par le Roy son Maître. Le même homme nous apporta sa réponse, dont le contenu étoit, qu'il ne pouvoit pour le present nous envoyer toûs les Esclaves François, mais qu'en attendant nous pouvions toujours faire l'échange des 22. Maures que nous avions, avec les 20. François qui étoient au Camp, luy en donner la rançon avec une partie de ce qui luy avoit été promis, le tout au prorata des Esclaves qu'il nous remettoit, & qu'avec le tems tout se finiroit. Nous commençâmes pour lors à croire qu'il nous avoit trompez, aussi nous repliquâmes que nous étions surpris de son procedé, & que ce n'étoit pas vouloir executer le Traité qui étoit pour un rachat general; qu'au reste nous avions des ordres positifs de ne livrer ni Maures ni argent, que lorsque nous sçaurions que tous les Esclaves François seroient au Camp. A cette nouvelle cet Alcaïd entra dans une colere si terrible, qu'il se mit à battre toutes ses femmes, comme si elles étoient la cause de notre refus, & par une autre réponse il nous menaça de faire enchaîner le Consul & les 20. Esclaves, & de les envoyer dans cet état à Miquenez, pour y être condamnez à mort par le Roy son Maître. Nous eûmes nouvelle ensuite que l'Alcaïd voyant que nous tenions bon, & que ses menaces ne nous épouvantoient pas, en étoit venu à quelque extremité, mais qu'il n'avoit envoyé ni le Consul ni les Esclaves à Miquenez. Il n'avoit garde de le faire, parce que le Roy de Maroc n'auroit pas voulu les reprendre, & encore moins les faire mourir, qu'il n'en eût auparavant payé la rançon, & ce n'étoit pas là son intention. Nous reçûmes des Lettres pitoyables du Consul & des Esclaves au sujet des mauvais traitemens qu'ils disoient recevoir par notre obstination ; mais nous crûmes & nous l'avons toujours crû, que tout ce que l'on nous mandoit n'étoit que pour tâcher de nous exciter à compassion, persuadez que nous étions, que l'interêt de l'Alcaïd ne demandoit pas qu'il en vînt aux dernieres extremitez ; enfin pour l'appaiser & finir d'affaire, nous luy écrivîmes pour luy marquer que nous étions bien fâchez de ne pouvoir aller contre nos ordres, mais que nous luy promettions d'informer Monseigneur le Comte de Pontchartrain & nos Superieurs de l'état des choses, & leur demander de nouveaux ordres pour faire l'échange telle qu'il la desiroit, à condition cependant qu'il nous envoyeroit encore deux François pour accomplir le nombre de 22. afin d'en avoir autant que nous luy livrerions de Maures ; que si ces nouveaux ordres étoient conformes à ses intentions, nous luy donnerions toute la satisfaction possible. Je crois que c'est dans ce tems-là que nous sortîmes de la Ville par une fausse porte, escortez par plusieurs Grenadiers, pour aller du côté du Camp des Maures, & que nous en vîmes sortir un de la grande tranchée, qui vint à nous, qui nous parla en François, l'ayant appris à Marseille au service du Roy sur ses Galeres, & à qui nous donnâmes notre Lettre pour l'Alcaïd. Cette Lettre appaisa un peu sa colere, & par sa réponse il promit de nous donner deux François pour le supplément ; ce que cependant il n'a pas executé. Nous sçûmes après qu'il avoit fait délivrer de prison le Consul, & renvoyé les Esclaves à Tetoüan, supposant toujours qu'effectivement il les eût maltraitez. Ce qui est certain, c'est que dans cette fougue l'Alcaïd obligea le sieur Bonal nouveau Consul de France à Tetoüan de se retirer à Ceüta, avec défense expresse de ne revenir qu'avec les Maures qui étoient en cette Ville, & l'argent du rachat des 20. Esclaves François. En effet ce nouveau Consul entra dans la Ville avec ses deux freres, & quelque tems après il s'en retourna en Espagne. Il n'y avoit pas long-tems qu'il avoit pris possession du Consulat de Tetoüan, qu'il avoit obtenu à la place du sieur de la Magdeleine qui avoit été nommé à celuy de Salé, avec ordre cependant de n'y point aller que l'affaire de la Redemption ne fût entierement consommée.

Je diray à ce sujet que le sieur Bonal, selon mon opinion, ne fut pas fâché de l'ordre qu'il reçut de se retirer à Ceüta, & que la connoissance qu'il avoit déja des manieres du païs, l'empêcha bien d'y retourner; car s'il l'avoit voulu, il le pouvoit faire après l'échange des Maures avec les François; l'Alcaïd étant pour lors content, luy auroit certainement donné la permission de s'en retourner à Tetoüan. Pour dire le vray, si j'étois du nombre des aspirans aux Consulats, je ne voudrois jamais aller ni à Salé ni à Tetoüan, connoissant le païs, comme je le connois, & j'aimerois mieux manger du pain sec en France, que de faire bonne chere en ce païs-là, qui n'est bon que pour des Marchands que l'avidité du gain y fait rester, nonobstant les avanies qu'ils reçoivent. Les mauvais traitemens que ceux de Salé ont souffert depuis notre départ, & qui sont venus à ma connoissance, suffisent pour me faire dire, que ces postes ne doivent être donnez qu'à ceux qu'on voudroit punir des fautes qu'ils auroient commises, & non à des gens d'honneur qu'on voudroit recompenser; aussi il n'y a plus eu de Consuls à Tetoüan depuis que le sieur Bonal en est sorti, ni à Salé, depuis que le sieur de la Magdeleine ayant été obligé d'aller à Cadiz pour une affaire, n'a pas voulu y retourner. Je l'ay vû à Paris au mois de Mars 1720. où il étoit venu de Toulon avec un Envoyé de Tripoli, & où il est revenu depuis pour postuler un autre Consulat. Je me souviens que le sieur Michel ayant obtenu ce Consulat de Salé avant le sieur de la Magdeleine, vint au Convent me demander, pour apprendre de moy les manieres du païs, mais que je luy en parlay si désavantageusement, qu'il jugea à propos de demander un autre Consulat, & qu'il obtint celuy de Tunis avec la qualité d'Envoyé, comme je l'ay dit dans le Chapitre precedent. C'est à present le plus ancien Marchand qui exerce le Consulat à Tetoüan, & qui est le Sr. Honoré Meuve; mais

mais pour Salé, je crois qu'il n'y a plus de Marchands ni François, ni d'autre Nation, & qu'ils ont été tous forcez de quitter le païs, ne pouvant plus souffrir toutes les avanies qu'on leur faisoit; si cela est, comme on me l'a mandé depuis peu, il ne doit point y avoir de Consul, qui y a toujours été moins considéré qu'un simple Marchand; la raison est que les Maures ne gagnent rien avec le premier, & qu'ils le regardent comme un espion, & que le second leur apporte du profit. Revenons à notre affaire. Le Pere Busnot & moy avions été d'avis de satisfaire l'Alcaïd & de nous en aller avec nos 20. Esclaves François, non par crainte, parce que nous avons été toujours persuadez que ces mauvais traitemens étoient supposez, mais par l'experience que nous avions des manieres du païs; mais nos deux Collegues qui n'avoient pas cette experience, & qui d'ailleurs vouloient

Gg

executer ponctuellement les ordres que nous avions eus en effet, ne voulurent pas nous croire, dans l'esperance d'obliger l'Alcaïd à executer fidellement le Traité. Leur intention étoit bonne, mais, ce me semble, hors de saison, puisque cet Alcaïd ne pouvoit pas pour lors en faire davantage.

Monseigneur le Comte de Pontchartrain & nos Superieurs ayant reçû nos Lettres furent allarmez & craignirent pour le sieur de la Magdeleine & pour les Esclaves, parce qu'ils tinrent pour veritables tous ces mauvais traitemens ; car ce Consul avoit aussi écrit de son côté, & il n'avoit pas épargné dans sa Lettre son éloquence naturelle. Le Ministre depêcha sur le champ un courier du Cabinet avec une Lettre de sa part. Ce courier vint à toute bride jusques à Cadiz, & remit la Lettre entre les mains du sieur Miraso Consul de France, avec ordre de l'envoyer au plutôt. Cet ordre nous fut incontinent executé, & nous reçûmes cette Lettre écrite de bonne encre, par laquelle il nous étoit enjoint de faire l'échange des 22. Maures avec les 20. François, & de satisfaire l'Alcaïd tant pour la rançon que pour ce qui luy devoit revenir au prorata des Esclaves qu'il nous livroit. La Lettre reçûë, je fus deputé, comme étant le plus jeune & le plus vigoureux, pour aller à Cadiz, & y prendre l'argent qui nous étoit necessaire ; je fus accompagné du Seigneur Dom Marquès, Gentilhomme qui descendoit de ces anciens Portugais qui avoient subjugué Ceüta sur les Maures. Cette Ville est la seule qui soit restée à l'Espagne dans le tems de la revolution de Portugal en 1640. parce que les Conjurez n'oserent pas découvrir leur secret au Gouverneur qui étoit Espagnol. Ce Gouverneur ayant reçû la nouvelle de cette revolution, assembla les Habitans, & leur ayant demandé s'ils vouloient toujours reconnoître le Roy d'Espagne, ils firent tous une réponse favorable, en protestant qu'ils n'en reconnoîtroient jamais d'autre. Ce Gentilhomme, qui étoit un *hombré blanco*, un homme d'honneur, voulut venir avec moy tant pour m'escorter que pour rendre visite à son beau-pere François de nation, qui demeuroit à Cadiz, & aussi pour voir les autres parens qu'il y avoit. Nous nous embarquâmes le Dimanche 24. Avril pour aller au Tolmo, qui est un petit Port propre pour des Bateaux entre Gibraltar & Tarifa; nous y loüâmes chacun un cheval pour aller à Tarifa par terre; ce ne fut pas sans peine ni sans danger, parce que, sans quitter le bord de la mer, nous fimes deux lieuës par un chemin si rempli de petites montagnes, de vallons & de précipices, que je ne sçay pas comment nous pûmes nous en tirer pour arriver fur le foir à Tarifa. Cela pourtant ne m'empêcha pas de confiderer avec plaifir le détroit de Gibraltar, qui me parut le plus beau canal du monde, & qui peut avoir quatre lieuës de largeur en des endroits & cinq lieuës en d'autres. De Tarifa nous arrivâmes à Cadiz le Mercredy 27. après deux jours & demi de marche dans un païs fort incommode pour les Voyageurs.

CHAPITRE XIII.

RETOUR à Ceüta avec l'argent. Détail de ce qui s'est passé à l'échange des Maures avec les François. Impatience de l'Alcaïd & son impolitesse. Transport de l'argent par mer. Avidité des Maures pour recevoir des presens. Histoire du Chevalier de Laval, Seigneur Anglois. Infidelité du Roy de Maroc touchant l'observation des Traitez de paix. Mécontentement des Habitans de Ceüta. Depart avec les 20. Esclaves François & l'arrivée à Cadiz. Disgrace de l'Alcaïd, & pourquoy. Son retour en grace auprès du Roy de Maroc. Embarquement à Cadiz pour France. Ceremonie maritime, quand on passe le détroit de Gibraltar.

INCONTINENT après mon arrivée à Cadiz je travaillay à executer ma commission; mais quelque diligence que je pûs faire, mon départ ne fut que le Mardy 3. May, à cause des pluyes abondantes qui durerent plusieurs jours, & qui me forcerent de rester pour donner le tems aux torrens de s'écouler, & de me livrer passage. Je partis donc avec mon convoy d'argent en piastres du Perou, que j'avois fais peser au poids du Roy, & je fus escorté par le Seigneur Dom Marquès qui s'en retournoit, & par son beau-frere armé d'un bon fusil; nous entrâmes dans Tarifa le Jeudy 5. fête de l'Ascension sur les onze heures du matin. Le lendemain je renvoyay mon fusilier, & le Samedy 7. je pris un Bateau pour me rendre au Tolmo avec le Seigneur Dom Marquès, & pouvoir me servir de la commodité d'un grand Bateau chargé de bois à brûler pour Ceüta. La traversée fut gaillarde, car le vent, quoyque bon, étoit un peu fort, & la mer agitée nous régaloit de tems en tems des vagues qu'elle nous envoyoit pour nous couvrir, parce que nous étions assis à découvert sur le bois ; office obligeant de la mer, dont nous nous serions bien passez ; nous arrivâmes à Ceüta sur les quatre heures après midy, & j'y étois attendu comme le Messie pour une raison que je vais dire. Je sçûs tout ce qui s'étoit passé pendant mon absence ; j'appris donc que mes trois Collegues avoient informé l'Alcaïd des nouveaux ordres reçûs, & qu'ils étoient conformes à ses desirs ; qu'ils luy avoient marqué en même tems qu'un de nous étoit allé à Cadiz chercher l'argent ; mais que cela ne devoit pas l'empêcher de faire l'échange, parce que Monsieur le Gouverneur serviroit de caution ; qu'en effet ce Gouverneur avoit eu la bonté de luy écrire une Lettre fort honnête, par laquelle il le garantissoit de tout ; que là-dessus l'Alcaïd avoit fait revenir les Esclaves de Tetoüan, où il les avoit renvoyez du Camp ;

que

que l'échange s'étoit faite à une lieuë de la Ville sur le bord de la mer, le Mercredy 27. Avril ; que le tout s'étoit passé fort paisiblement ; que mes Collegues étoient revenus à Ceüita avec les 20. Esclaves sur les cinq heures du soir, & qu'ils avoient trouvé à la porte de la Ville tous les Religieux du Convent de l'Ordre de la très-sainte Trinité, qui les avoient conduits processionnellement jusquès à leur Eglise, où on avoit chanté le *Te Deum* en action de graces ; que les Esclaves devoient loger dans le Convent & y être nourris aux dépens du Roy d'Espagne jusques à leur départ, & qu'à l'arrivée des Maures au Camp il s'étoit fait une décharge generale, à laquelle on avoit répondu par le canon de la Place. J'appris encore que l'Alcaïd, impatient de mon retour, avoit fait faire sur la Ville un grand feu de canon & de mortiers pendant plusieurs jours, & même qu'il avoit écrit une

H h

Lettre insultante à Monsieur le Gouverneur, qui n'avoit pas daigné y répondre. Ces mouvemens d'impatience de l'Alcaïd ne me surprirent pas, parce que je connoissois le genie des Maures, qui voudroient que ce qui ne se peut faire qu'en plusieurs jours, se fît en un seul; mais Monsieur le Gouverneur en avoit été fort choqué, & il avoit demandé à mes Collegues si je reviendrois ou non avec l'argent dont il étoit caution. Ils l'avoient cependant appaisé, en le priant de faire reflexion qu'ils ne pouvoient sortir de Ceüta avec les Esclaves sans son consentement, & qu'ainsi il seroit toujours en droit de les retenir jusques à mon retour; mais ils l'avoient assuré en même tems qu'il n'avoit rien à craindre de ce coté là, parce que je ne manquerois pas de revenir au plutôt avec l'argent qu'il avoit eu la bonté de garantir à l'Alcaïd; qu'au reste il devoit être persuadé que nous n'étions pas capables d'une telle ingratitude. Mon retour acheva donc de calmer tout le monde; & ainsi j'ay eu raison de dire que j'étois attendu comme le Messie.

L'Alcaïd Ali Ben Abdalla, averti de l'arrivée du convoy d'argent, dépêcha trois Maures; mais l'entrée dans la Place leur fut refusée. Ce refus nous obligea, le Pere Busnot & moy, de le transporter par mer au même endroit où s'étoit fait l'échange. Nous n'y allâmes que nous deux, parce que nos Collegues étoient indisposez, sur tout le Pere Mey de Valombre, qui avoit pensé mourir pendant mon absence. Nous nous embarquâmes sur une Galeotte avec deux Capitaines de Grenadiers, & plusieurs Soldats de leurs Compagnies, qui nous servirent d'escorte. Le Pere Recollet, dont j'ay parlé dans le Chapitre precedent, & qui avoit été Gardien du Convent de Miquenez, voulut aussi venir avec un de ses Confreres. Quand nous fûmes arrivez au lieu marqué, nous envoyâmes nôtre Chaloupe à terre pour amener le sieur de la Magdeleine à notre bord, & prendre langue de luy. Nous le trouvâmes en bonne santé, & après une petite conference nous nous mîmes ensemble dans la même Chaloupe, avec un Capitaine & quelques Soldats bien armez. Etant descendus à terre nous trouvâmes un des Secretaires de l'Alcaïd, qui étoit venu escorté d'un grand nombre de Maures, tous armez chacun d'un fusil. Il étoit assis sur le sable, & il y avoit aussi assis auprès de luy deux de ses enfans, de l'âge de dix ou douze ans, qui étoient nuë tête, beaux & bien faits comme leur pere, qui étoit fils d'un Juif renegat. Nous prîmes des sieges semblables au sien, avec le sieur Consul & le Pere Recollet, qui étoit aussi descendu à terre. Un peu après ce Secretaire ayant appris qu'un pauvre Maure vendoit des poules aux Espagnols qui étoient avec nous, se leva tout en furie, &

après avoir terrassé ce malheureux, & luy avoir mis plusieurs fois le pied sur le ventre, il le fit prendre par quatre Soldats, qui l'emporterent au camp. Nous ne sçûmes que dans notre retour à Ceüta le sujet pour lequel ce Secretaire s'étoit levé si brusquement. La conversation dura environ une heure sur differens sujets, & je ne manquay pas de faire ressouvenir ce Secretaire de la promesse que l'Alcaïd nous avoit faite de nous donner deux Esclaves François pour nous dédommager des deux Maures que nous avions donnez de trop, & il ne manqua pas aussi de nous assurer que c'étoit bien l'intention de son Maître, & que nous les aurions infailliblement. Il nous invita d'aller au camp, en nous assurant que l'Alcaïd souhaitoit nous voir, & même qu'il nous attendoit. Je luy répondis que mon collegue ne se portant pas trop bien, auroit beaucoup de peine à faire le chemin ; qu'au reste, c'étoit trop d'honneur pour nous de voir un si grand Miniſtre, & que nous étions tres-mortifiez de ne pouvoir pas joüir d'un ſi grand bonheur. Il nous fit encore deux inſtances ſur ce ſujet, quoiqu'en differens tems, & à la ſeconde nous commençâmes à nous rendre, excitéz encore à cela par le ſieur de la Magdeleine & par le Pere Recollet, qui ſe diſoit connu de l'Alcaïd, & qui s'offrit de nous tenir compagnie, nous aſſurant que nous n'avions rien à craindre, puiſque nous avions un Paſſeport en bonne forme, que cet Alcaïd avoit envoyé pour nous & pour ceux qui viendroient avec nous. Nous étions donc dans la diſpoſition de partir pour le camp, & même nous avions déja envoyé dans la galeotte deux ôtages qu'on nous avoit donnez, lors qu'il vint un homme nous dire que l'Alcaïd vouloit nous épargner cette peine, & qu'il eſperoit que dans peu nous nous verrions plus à loiſir. La raiſon eſt qu'il avoit appris que nous n'avions point de present extraordinaire à luy faire. Nous prîmes donc congé du Secretaire & du sieur Consul pour retourner à notre galeotte, & de-là à Ceüta, où j'emportay avec moy beaucoup de sable, dont mes souliers étoient remplis. Pour dire le vray, je n'aurois pas été fâché de voir ce fameux Ministre du Roy de Maroc; mais peut-être aurois-je eu tout le tems de me repentir de ma trop grande curiosité, & qu'il auroit pû m'arriver la même chose qu'au Chevalier de Laval, dont voicy l'histoire.

Ce Seigneur Anglois se trouvant à Gibraltar en 1708. & devant y faire quelque sejour, voulut profiter de cette occasion pour aller rendre visite à l'Alcaïd, qui étoit son ancien amy. Pour cet effet il luy fit demander s'il le trouveroit bon; & ayant reçû une réponse fort engageante, il partit pour Tanger, où on luy fit une reception magnifique. La visite finie le sieur de Laval voulut s'en retourner à Gibraltar; mais l'Alcaïd luy dit qu'il ne pouvoit consentir à son départ; qu'il y alloit de sa tête, s'il le laissoit partir sans donner avis au Roy son Maître de l'arrivée d'un Seigneur de sa qualité, & qu'il falloit auparavant attendre la réponse du Prince. Qui fut bien étonné, ce fut notre Chevalier, qui fit tout ce qu'il put, mais inutilement, pour avoir son congé. Il fut donc contraint de rester à Tanger environ trois mois, & il étoit en danger d'y faire un plus long séjour; mais ayant appris qu'il étoit arrivé à Gibraltar un Vaisseau Anglois, sur lequel étoit un Envoyé de l'Alcaïd avec toutes les pieces de drap qu'il avoit achetées en Angleterre pour son maître, il écrivit au Gouverneur de ce Port pour le prier de retenir cet Envoyé avec ses effets; & ayant reçu une réponse telle qu'il la pouvoit desirer, il dit à l'Alcaïd que s'il vouloit avoir & son Envoyé

& les marchandises qu'il avoit avec luy, il falloit qu'il luy permît de s'en aller, & en même tems il luy protesta que quand bien même il le traiteroit pis qu'un Esclave, ce mauvais traitement ne l'engageroit point à consentir que le Gouverneur de Gibraltar laissât partir cet Envoyé avec ses effets, qui ne devoit avoir cette permission qu'après son retour dans ce Port. Ainsi l'Alcaïd se trouva forcé de donner son audience de congé à ce Seigneur, qui s'est bien promis de ne jamais revoir un tel amy. Il est vray que le sujet du procedé de l'Alcaïd n'étoit principalement que pour assurer par cette détention les draps qu'il avoit fait acheter en Angleterre, & qu'on disoit avoir été pris avec l'Envoyé par les Anglois, & cela en represailles de ce que les Corsaires de Salé avoient enlevé, nonobstant la paix, deux petits Bâtimens, sur lesquels il y avoit plus de 50. Anglois que les Armateurs François avoient pris, & qu'ils renvoyoient dans leur pays, & de ce que le Roy de Maroc les avoit mis au nombre des Esclaves, après avoir fait cruellement tourmenter dix des plus jeunes, pour les forcer à se faire Mahometans; mais à notre égard il n'auroit pas eu de pretexte pour nous arrêter, à moins qu'il n'eût voulu se venger sur nous des coups qu'il avoit donnez à ses femmes, quand on luy refusa l'échange. Au reste il pouvoit toujours le faire, s'il avoit voulu, pendant que nous étions en conversation avec son Secretaire, parce que notre escorte n'étoit pas en état de l'en empêcher. Pendant cette conversation le convoy d'argent arriva au camp, & il fut reçu au bruit d'une décharge generale; & comme on y répondit de Ceüta, l'escorte du Secretaire prit l'alarme, & chacun couroit d'un côté & d'autre; mais cela n'eut point de suite. J'avois fait peser les piastres à Cadiz au poids du Roy avant que de les acheter; mais l'Alcaïd les ayant fait peser au sien, dit au sieur de la Magdeleine qu'on en avoit trouvé beaucoup de legeres, & il fallut luy en envoyer d'autres pour le supplément. Nous aurions bien pû luy refuser ce supplément, parce que nous n'étions pas obligez de le croire, & de plus qu'il nous devoit deux Esclaves François, pour nous dédommager des deux Maures que nous avions donnez de trop; mais ce refus auroit encore irrité sa bile, & nous aurions eu une autre scene pareille à celle que nous avions déja euë quand nous luy refusâmes l'échange; il nous a même fait payer dans la suite les dépenses que les 20. Esclaves avoient faites à Tetoüan depuis leur arrivée à Miquenez jusques à leur échange.

Nous demeurâmes ensuite quelque tems à Ceüta, pour voir si nous pourrions encore obtenir la liberté de quelques Esclaves François, & pour attendre les deux qui nous étoient dûs; mais ce fut inutilement: ainsi nous nous disposâmes au depart, & même nous y étions comme forcez. J'ay dit que l'Alcaïd, impatient de mon retour avec l'argent, avoit fait faire fur Ceüta un grand feu de canon & de mortiers pendant plusieurs jours; mais fa politique y avoit eu beaucoup de part. Il fçavoit que les Maures rachetez devoient aller à Miquenez pour remercier le Roy de leur avoir procuré la liberté; c'est pourquoy il fit durer davantage ce grand feu, afin que ces Maures pûffent rapporter à ce Prince que Ceüta étoit vigoureufement attaqué. Tout cela fut caufe que les habitans commencerent à nous regarder de mauvais œil, & même Monfieur le Gouverneur nous pria tres-honnêtement de nous retirer pour les appaifer. Comme d'ailleurs notre fejour étoit inutile en cette Ville, nous en fortîmes le Jeudy 19. May pour nous embarquer sur un Bateau que nous avions freté, pour nous rendre à Tarifa, & de là à Cadiz. Nous ne fûmes pas plutôt en mer que nous apperçûmes plusieurs Vaisseaux qui entroient dans Gibraltar, ou qui en sortoient. Pour les éviter nous rangeâmes la côte de Barbarie, & nous nous mîmes entre la terre & une petite Isle deserte, que les Espagnols nomment *la Isla de Peregil*, l'Isle du Persil; & de fait, ceux qui y descendirent, nous apporterent des bottes de persil qui étoit d'une hauteur extraordinaire, & je n'en ay jamais vû de pareil. Si la côte où nous étions avoit été habitée, les Maures auroient pû nous accabler à coups de pierres; mais aussi nous n'aurions eu garde de nous y mettre. Le danger passé, nous continuâmes notre route, & nous arrivâmes à Tarifa sur le soir. Nous allâmes coucher au Convent de l'Ordre de la tres-sainte Trinité, où les Religieux, qui vinrent à notre descente, nous avoient invitez à prendre notre logement avec les Esclaves. Le Vendredy 20. nous nous rembarquâmes, & après être entrez dans le canal qui sepate la terre ferme de l'Isle de Leon, où est situé Cadiz, nous allâmes coucher à la Poüenté de Souaço, pour entrer le lendemain Samedy 21. par les Pontaux dans la Baye, & ensuite dans la Ville de Cadiz. Nous n'y devions rester que quinze jours, suivant la promesse que nous en avions faite au sieur de la Magdeleine avant notre départ de Ceüita, & cette promesse étoit fondée sur l'esperance que l'Alcaïd luy avoit donnée que le Roy de Maroc nous accorderoit une cinquantaine de François, lorsqu'il verroit à Miquenez les Maures rachetez; mais nous y avons demeuré plus de trois mois, sans voir aucun effet de cette esperance. Il est vray que l'Alcaïd tomba en disgrace dans ce tems-là; en voicy le sujet. Deux Vaisseaux Anglois se trouvant dans le détroit de Gibraltar avec un brouillard fort épais, avoient échoüé sur la côte de Barbarie proche Tanger; une bonne partie des équipages s'étoit sauvée à Gibraltar, & le reste avoit été mené à Miquenez. On accusa donc l'Alcaïd de s'être emparé à son profit de tout ce qu'il y avoit de meilleur dans les deux Vaisseaux. Le Roy de Maroc ajoûta foy à cette accusation qui irritoit son avarice, & ôta à cet Alcaïd le commandement du siege de Ceüta. Il est encore vray que nous apprîmes depuis notre retour en France, que l'Alcaïd s'étoit pleinement justifié auprès du Prince, qui luy avoit redonné le commandement du siege; mais ce contre-tems ne laissa pas de nous priver du peu d'esperance que nous avions pour lors.

Notre séjour à Cadiz ne pouvant donc plus être d'aucune utilité pour les Esclaves, nous resolûmes de nous embarquer le Pere Mey de Valombre, le Pere Busnot & moy sur un Vaisseau François monté de douze pieces de canon & commandé par le sieur de Mezy. Nous sortîmes de Cadiz le Lundy 5. Septembre, & en passant pendant la nuit le détroit de Gibraltar, nous jettâmes nos regards du côté de Ceüta; la Ville nous parut tout en feu, & pour lors les habitans ne pouvoient pas dire que c'étoit à notre occasion. Le lendemain matin on fit la ceremonie ordinaire quand on passe le Détroit. Un homme de l'équipage tenant un livre à la main, la commença par faire faire un serment sur ce livre à tous ceux du Vaisseau. Par ce serment il vouloit distinguer ceux qui avoient déja passé le Détroit, d'avec ceux qui ne l'avoient pas encore passé, & en même tems il faisoit promettre à tous ceux de l'équipage de faire la même ceremonie toutes les fois qu'ils le passeroient: nous fûmes dispensez de faire ce serment, parce qu'on voulut

lut bien nous en croire sur notre parole ; après il parut sur le pont une compagnie de jeunes Matelots avec un tambour, chacun ayant une moustache, dont la marmite leur avoit fait present. Cette compagnie avoit pour armes tous les instrumens de la cuisine; ensuite ceux qui n'avoient pas encore passé le Détroit payerent pour n'être point baptisez une seconde fois; pour nous qui l'avions passé & repassé, nous ne devions rien, cependant nous donnâmes une piastre pour nous trois & pour nos Esclaves qui ne devoient rien non plus. Dans ces sortes d'occasions personne n'est exempt, Capitaine, Officiers, Matelots, Passagers & le Vaisseau même doivent, si c'est la premiere fois qu'on a passé le Détroit: il est vray que personne n'est taxé, chacun paye ce qu'il veut; un Matelot n'ayant jamais voulu rien donner, fut mis le cul dans un baquet, & on luy jetta sur le corps une quinzaine de seaux d'eau de mer; assurément il a dû se souvenir de ce second baptême (permettez-moy cette comparaison) plus que du premier qu'il a reçû après sa naissance. Pour mieux prouver qu'on a déja passé le Détroit, il faut dire le mois & l'année qu'on l'a passé, le nom du Capitaine & du Vaisseau sur lequel on étoit.

CHAPITRE XIV.

ARRIVÉE à Malaga. Accident fâcheux survenu à Alicant à un des Peres Deputez. Son séjour en cette Ville pour sa guérison. Départ d'Alicant. Rencontre de deux Corsaires Algeriens & d'un Vaisseau Genois. Incommodité de la navigation en tems de guerre. Danger sur mer par un grain de vent. Arrivée au Port de Marseille sans faire quarantaine, & pourquoy. Processions des Esclaves faites à Marseille, à Aix, à Avignon & à Lion. Arrivée à Paris avec cinq Esclaves. Succès qu'a eu l'Alcaïd Ali Ben Abdalla au sujet de l'affaire de la Redemption. Inutilité des tentatives faites par le moyen de son fils Achmet Ben Ali.

Nous arrivâmes à Malaga le Mercredy 7. Septembre, & notre Capitaine y voulant prendre un chargement d'huile pour Marseille, qui en manquoit depuis l'année 1709. que tous les oliviers furent gelez en Provence par le grand froid, nous y demeurâmes une quinzaine de jours, pendant lesquels nous logeâmes chez le sieur le Comte, qui voulut à cette fois avoir sa revanche, & qui nous traita de son mieux. Avant notre depart je fus contraint de laisser dans la Ville un Esclave Breton, qui étoit incommodé & hors d'état de se remettre en mer, & je priay le sieur le Comte d'en avoir soin. Cet Esclave, nommé Pierre Charon, du Montoüer, diocese de Nantes, mourut quelques mois après, & depuis mon retour à Paris j'eus aussi le soin de rembourser ce Marchand des avances qu'il avoit faites à son sujet. Un autre Breton vieux, mais se portant bien, n'avoit pas voulu s'embarquer avec nous à Cadiz, crainte, disoit-il, d'être repris sur mer par les Maures ; mais il m'avoit promis de se rendre par terre à Malaga. J'avois bien vû qu'il ne vouloit pas quitter Cadiz; mais je ne voulus pas le contraindre de s'embarquer avec les autres; aussi avoit-il raison d'y vouloir rester, parce qu'après 37. années d'esclavage il n'auroit plus trouvé personne de connoissance dans son pays, & que parlant bon Espagnol, il étoit en état de gagner sa vie à Cadiz. Il se nommoit Etienne Rouille, surnommé le Lievre, à cause qu'il avoit la lévre superieure fenduë, & il étoit natif de Vitré, diocese de Rennes. Un troisiéme Esclave étoit encore resté à Cadiz avec sa famille, & un quatriéme nous y étoit mort. Ainsi, quand nous partîmes de Malaga pour aller à Marseille, nous n'avions plus que dix-sept Esclaves, sçavoir seize de vingt qui nous avoient été livrez à Ceüta, & un dix-septiéme, nommé Samuel du Geac, natif de Marennes, diocese de Xaintes, qui avoit été racheté par le moyen d'un Marchand François de Salé, & pour la rançon duquelle Pere Durand avoit donné 300. piastres, & dans la suite j'ay eu le soin de renvoyer le Maure demandé pour luy, après l'avoir obtenu *gratis* de Monseigneur le Comte de Pontchartrain. Nous avions dessein de faire route, sans nous arrêter davantage dans aucun Port d'Espagne; mais le vent s'y opposa : car nous empêchant de doubler le cap Martin, il nous força de relâcher à Alicant, où il nous arriva le 1. Octobre un accident plus fâcheux que l'aventure du Breviaire.

Un Vaisseau de Marseille, armé en course, étant entré dans la rade pour faire aiguade, le Capitaine, nommé le sieur des Lauriers, vint faire visite au Capitaine & aux Officiers de notre Vaisseau. Le Pere Busnot, par un excès de civilité, se crut obligé de luy rendre la visite. J'eus beau luy representer que cette obligation ne nous regardoit point, puisque la visite du sieur des Lauriers n'avoit point été pour nous ; mais il demeura ferme, & nous engagea le Pere Mey de Valombre & moy à l'accompagner. A la verité nous fûmes tres-bien reçus, & suivant la coutume de la mer, on nous donna la collation. Après une heure de conversation le Capitaine nous prêta sa Chaloupe pour nous remener à notre Vaisseau, parce que celle qui nous avoit amenez s'en étoit retournée. Le Pere Busnot étoit assis sur un banc de la Chaloupe entre nous deux, & nous avions le visage tourné du côté de l'Armateur, lorsque le valet * d'un des trois canons que le Capitaine fit tirer, pour nous faire honneur, passant au travers de trois Matelots qui étoient à

---

* Un valet, en termes de mer, est un tampon de chanvre qui est bien serré avec de petites cordes. Ce tampon est toujours proportionné à l'entrée du canon, où on le met pour faire du bruit quand on tire pour faire les saluts ordinaires, suivant la coutume de la mer.

la poupe, & qui n'en reçurent aucun mal, vint finir son coup sur le côté gauche de la mâchoire inférieure de ce Pere, la luy cassa avec toutes les dents, & le restant, comme un foüet, luy fit sur l'épaule gauche une contusion si terrible, que comme un demy-cercle elle le ceignoit depuis la mammelle jusqu'au milieu du dos. Je ne m'apperçûs du malheur que lorsque je vis le Pere tombé en arriere sur un Matelot qui l'arrêta, & qui eut aussi son gilet rompu. Je le trouvay sans connoissance, la lévre fenduë en deux, la bouche pleine de sang, & la moitié de la lévre pendante sur sa barbe. Cette vûë m'effraya tellement, qu'arrivant proche notre Vaisseau, & croyant que le canon qu'on tiroit d'un autre Vaisseau en venoit, je me mis à crier si fort en priant les Matelots de cesser, qu'ils crurent que j'avois perdu l'esprit. Cependant le Pere étant revenu de son évanoüissement, monta sans aide au

Vaisseau,

Vaisseau, où sa presence jetta la consternation. Notre Chirurgien mit aussi-tôt le premier appareil, & on le coucha. Le lendemain nous allâmes à la Ville le Pere Mey de Valombre & moy, afin d'y chercher un logement propre pour le blessé, & nous y trouvâmes par bonheur un Chirurgien François, nommé le Duc, natif de la Fleche en Anjou; car sans cette heureuse rencontre il n'auroit pas voulu quitter le Vaisseau. Il se laissa donc transporter à Alicant où nous avions arrêté un logement fort commode, & où il demeura plus de deux mois. Si ce malheur étoit arrivé dans le fort de l'Eté, ce Pere n'en auroit jamais rechapé, parce que les grandes chaleurs auroient mis la gangrenne à sa blessure; mais les mois d'Octobre & de Novembre étant une saison fort temperée en Espagne, il en a été parfaitement gueri par les bons soins qu'en eut ce Chirurgien François. En tems de paix nous l'aurions amené avec nous à Marseille, comme il le souhaitoit, & le Chirurgien du Vaisseau auroit continué à le panser; mais comme nous étions en tems de guerre, nous n'osâmes le faire, parce qu'en cas que nous eussions été pris par les Ennemis, on n'auroit pas été en état d'en prendre tout le soin necessaire, & ainsi il auroit couru risque de la vie. Le Pere Mey de Valombre resta pour luy tenir compagnie, & le sieur Bourlet Marchand de Paris, qui étoit alors à Alicant pour ses affaires, ne servit pas peu à consoler l'un & l'autre.

Le tems étant devenu bon, nous levâmes l'ancre, & j'eus le chagrin de m'en aller sans Collegues avec les dix-sept Esclaves. Nous sortîmes de la rade en compagnie de la Barque qui nous avoit amenez en allant, & de deux Tartanes de Provence. Cette Barque prit le devant, & nous la perdîmes de vûë. Quand nous fûmes sur les côtes de Catalogne, nous apperçûmes deux Corsaires qui vinrent sur nous à toutes voiles ; un d'eux alla à la Tartane qui étoit derriere nous, & l'autre se mit en devoir de courir sur nous ; mais notre Capitaine ayant pris le dessus du vent, ce Corsaire nous laissa pour aller rejoindre son compagnon, & nous vîmes la Tartane entr'eux deux. Ces Corsaires étoient Algeriens, & comme nous sommes en paix avec eux, ils se contenterent de visiter le Passeport pour s'assurer de la verité, & ils laisserent aller la Tartane, après avoir demandé si nous étions François, & si l'autre Tartane qui étoit avant nous & qui forçoit de voile, étoit aussi de la Nation; après quoy ils se retirerent ; mais le lendemain il parut avant jour & à vingt pas de nous un Vaisseau qui nous parut Genois & être de cinquante pieces de canon. Il nous laissa passer, & aussi eûmes-nous la même honnêteté pour luy, car avec nos douze pieces de canon & qui encore ne pouvoient gueres servir, nous étions assurément bien à craindre. La navigation en tems de guerre est incommode; on est nuit & jour sur le qui vive, & lorsqu'on entend crier, Vaisseau, à celuy qui est à la découverte, pour lors tout le monde est à l'erte, & on ne songe ni à boire ni à manger, & encore moins à dormir; en tems de paix on n'a à courir que les risques ordinaires de la mer; mais en tems de guerre on a de plus la crainte d'être pris, pillez & dépoüillez par des gens qui ordinairement ne sont pas trop misericordieux.

Quand nous fûmes sur les côtes de Provence, nous vîmes un nuage que les Matelots jugerent dangereux; & de fait il en sortit un grain de vent, ainsi qu'ils l'appellent, si violent, que notre Vaisseau, qui portoit une mâture trop forte pour luy, & par consequent des voiles trop grandes, se mit tout à coup sur le côté, en sorte que les mâts étoient comme couchez, & il ne s'en falloit pas deux pieds que l'eau n'y entrât ; il alloit cependant comme la foudre, & il étoit tout environné d'une écume épaisse. Je vis nos Officiers pâlir, & je voulus demeurer sur le pont pour n'être pas si-tôt submergé, en cas de naufrage, mais on m'obligea, malgré moy, de descendre dans la grande chambre, & je ne le fis qu'avec beaucoup de peine, vû la situation où étoit le Vaisseau. Dans cette occasion les Matelots se servirent du seul remede qu'il y a, ils baisserent au plus vîte toutes les voiles, & aussi-tôt le Vaisseau se remit en état. Il étoit tems de faire cette manœuvre, parce que toutes nos voiles étant déployées, & le vent soufflant dedans d'une force terrible, nous aurions fait un naufrage inévitable. Voila le seul danger que j'ay couru de la part du vent, qui m'a assez épargné dans mes autres voyages sur mer. Nous arrivâmes à Marseille le Lundy 10. Octobre, & nous entrâmes dans le Port à dix heures du matin. Nous ne fîmes point de quarantaine, quoyqu'il y eût des Esclaves, parce que nous avions relâché trois fois en Espagne, & que nous avions des billets de santé qui nous avoient été donnez à Cadiz, à Malaga & à Alicant.

Comme j'étois chargé de tous les Esclaves, j'envoyay prier les Superieurs des deux Ordres de venir pour prendre ceux qui leur appartenoient. Il vint deux Religieux du Convent de l'Ordre de la très-sainte Trinité qui emmenerent les leurs, & le Reverend Pere Gubert Commandeur de celuy de l'Ordre de la Mercy étant venu luy-même, j'allay au Convent avec luy & tous les Esclaves qui étoient à nous. Notre Procession d'Esclaves se fit quelques jours après, où j'assistay ; celle des Peres de l'Ordre de la très-sainte

Trinité se fit ensuite, mais je n'y pûs assister, parce qu'il ne convenoit pas de me voir à toutes les deux, quoyque j'aurois bien voulu leur faire ce plaisir. Je partis de Marseille avec un Esclave Breton, nommé Jean du Chêne, natif de Saint Malo; des deux autres, car il ne m'en étoit échû que trois, l'un étoit resté à Cadiz, & j'avois laissé l'autre malade à Malaga, comme je l'ay dit cy-dessus. Cet Esclave étoit fort & robuste, mais il étoit sourd, & cette surdité avoit facilité sa liberté. J'arrivay à Aix le jour même que les Peres de l'Ordre de la très-sainte Trinité avoient fait leur Procession, & quelques jours après nous fimes la nôtre, où il y avoit de petits garçons habillez à la Turque, avec la moustache, le Turban en tête, les bras nuds jusques au coude, & le sabre à la main, & de petites filles vêtues en Reines & en Religieuses ; enfin c'étoit la plus jolie chose du monde, le tout suivant la coutume du païs. J'avois attendu pour cet effet les onze Esclaves qui étoient échûs à notre Province & qui venoient de plusieurs Villes, où s'étoit pareillement fait la Procession; j'y joignis mon Esclave Breton, comme j'avois déja fait à Marseille; je partis d'Aix avec luy pour me rendre à Avignon, & pour y attendre les cinq Esclaves échûs à l'Ordre de la très-sainte Trinité, parce que j'avois promis au Pere Busnot de les mener jusques à Paris, lorsque je me separay de luy. Ces cinq Esclaves étant arrivez à Avignon avec deux Reverends Peres Ministres de cet Ordre, nous fimes la Procession avec la permission du Vice-Legat. En entrant dans la Cathedrale il vint un homme de la part de l'Archevêque me dire que nous eussions à passer devant son Palais, c'est pourquoy à la sortie nous tournâmes de ce côté-là, & en passant nous reçûmes sa benediction. J'assis ray à cette Procession de même qu'à celle qui se fit à Lion, parce que je n'y trouvois aucun inconvenient, attendu qu'il n'y a aucun Convent de l'Ordre de la Mercy dans ces deux Villes-là. Tout cela s'est passé dans le mois d'Octobre, & si je n'ay point datté les jours, c'est que je ne m'en souviens pas; j'arrivay ensuite à Lion où nous fimes la Procession le Lundy 7. Novembre, & j'y joignis encore mon Esclave Breton, comme j'avois fait à celle d'Avignon.

Toutes les Processions finies, je partis de Lion le Mercredy 9. pour me rendre à Roanne par la montagne de Tarare, & m'y embarquer sur la Loire, parce que cette route m'étoit plus commode pour la conduite des six Esclaves que j'avois avec moy. J'arrivay à Roanne le 10. & le lendemain jour de S. Martin je m'embarquay avec eux pour me rendre à Orleans, & ensuite à Paris, où j'entray le Dimanche 20. après treize mois de voyage. En passant je mis les 4. Esclaves Normands de nation entre les mains du Reverendissime Pere de Massac Ministre General de l'Ordre de la très-sainte Trinité; parce que j'avois renvoyé à Orleans le cinquiéme qui étoit Poitevin, après luy avoir fourni tout le necessaire pour son voyage; ensuite je me rendis au Convent avec mon Esclave Breton. Je menay le Jeudy 24. les quatre Esclaves Normands au Convent de l'Ordre de la très-sainte Trinité, qui est à Montmorency, & je les mis entre les mains du Reverend Pere Ministre, afin qu'il prît soin de les faire conduire jusques dans leur païs. Pour mon Esclave Breton il demeura un mois dans notre Convent pour se reposer, & ensuite je le fis partir pour Saint Malo avec tout le necessaire pour son voyage. J'eus l'honneur d'aller saluer Monseigneur le Comte de Pontchartrain, qui me reçut fort gracieusement.

Il faut que j'apprenne icy au Leteur quel a été le veritable succès du Voyage à Miquenez de l'Alcaïd Ali Ben Abdalla, dans lequel il avoit promis de faire ratifier par le Roy de Maroc le Traité qu'il avoit fait avec le sieur de la Magdeleine au sujet d'un rachat general des François Esclaves dans les Etats de ce Prince, comme il a été dit au Chapitre onziéme. Avant notre depart de Cadiz pour revenir en France avec les Esclaves, nous reçûmes une Lettre venuë de Miquenez, par laquelle nous sçûmes que cet Alcaïd y étant arrivé, & ayant eu une reception telle que je l'ay marquée, avoit fait à la verité tout son possible pour la ratification du Traité par le Roy de Maroc, & pour obtenir de ce Prince un rachat general des Esclaves François; mais qu'il n'avoit pû y réussir, & qu'il n'avoit eu permission que de prendre les plus âgez & les plus invalides, qui ne se trouverent qu'au nombre de 20. Ainsi je ne me plains pas que l'Alcaïd n'ait pas reussi pour un rachat general, puisqu'il a fait tous ses efforts pour le terminer heureusement ; mais j'ai lieu de l'accuser de mauvaise foy en ce qu'il s'est vanté d'avoir fait ratifier le Traité, & en consequence d'avoir obtenu la liberté des Esclaves François, & cela pour nous engager plus fortement à faire ce troisiéme Voyage, après nous avoir donné une assurance formelle que nous les aurions tous, & pour s'assurer du present qu'il esperoit de nous. Depuis sa mort le sieur de la Magdeleine a fait plusieurs tentatives auprès d'Achmet Ben Ali son fils & son Successeur dans le gouvernement ; mais comme il s'en faut beaucoup qu'il ait le credit de son pere, toutes ces tentatives ont été inutiles : nous n'esperions donc plus de Redemptions d'Esclaves durant la vie du Roy de Maroc, mais cependant nous en avons eu une petite en l'année 1716. comme je vais le dire au Chapitre suivant.

CHAPITRE XV.

RACHAT de douze Esclaves François, fait en l'année 1716. par le moyen d'un Marchand François demeurant à Salé. Action genereuse d'un de ces douze Esclaves. Catalogue des Esclaves François rachetez des Départemens des Religieux de l'Ordre de la Mercy. Difficulté au sujet du prix juste du rachat de chaque Esclave. Observations à faire sur la longue negociation des Peres Deputez. La Relation des trois Voyages sert d'exhortation. Rachat de quatre Chevaliers de Malte, auquel la Congregation de Paris de l'Ordre de la Mercy contribue. Raisons pour lesquelles les Peres Deputez de ladite Congregation n'ont point été à la Redemption faite en l'année 1719. dans les Royaumes d'Alger, Tunis & Tripoli. Rachat d'un Esclave

Parisien. *Ordre envoyé à Cadiz pour aider au rachat d'un Esclave de Saint Malo.*

J'AY dit dans le Chapitre septiéme, que le sieur Pillet avoit fait un Traité pour les Esclaves Genois; qu'il en avoit obtenu dix-huit à un prix fort haut, & que la Republique de Genes l'ayant desavoué, ces dix-huit Esclaves étoient restez à sa charge, & qu'il en avoit payé la rançon au Roy de Maroc, parce que ce Prince n'avoit pas voulu les reprendre, ni luy donner à leur place des Esclaves d'une autre Nation; mais en l'année 1716. ce Marchand m'écrivit pour m'informer que le Roy de Maroc avoit enfin repris quatorze Genois restans des dix-huit, & que ce Prince luy avoit donné à leur place quatorze François. Je communiquay la Lettre au Reverend Pere Armand Leon Chevalier Docteur de Sorbone, pour lors Vicaire General de notre Congregation, & il me donna ses ordres à ce sujet. Nous n'eûmes que douze François, parce que des quatorze il en étoit mort deux à Salé, & le sieur Pillet avoit renvoyé leurs corps à Miquenez, pour n'être point obligé à en tenir compte au Roy de Maroc. Comme il y avoit parmy ces douze Esclaves un Parisien & deux Bretons, je luy fis réponse qu'il pouvoit envoyer ces trois Esclaves à Cadiz, que je luy en ferois payer la rançon ordinaire de 300. piastres par tête, & que j'obtiendrois la liberté de trois Maures pour les renvoyer dans leur païs. C'est ce qui a été executé. Nos Peres de la Province de Guienne ont fait la même chose pour les sept de leur departement, aussi bien que le Reverendissime Pere de Massac Ministre General de l'Ordre de la très-sainte Trinité pour les deux qui luy étoient échûs, après nous avoir remboursé la moitié de la rançon du Parisien, conformément à l'Arrêt du Conseil du Roy, en datte du 6. Août 1638. qui permettant aux Religieux des deux Ordres de faire conjointement les Quêtes dans la ville & fauxbourgs de Paris, oblige par conséquent les uns & les autres à payer par moitié la rançon des Esclaves Parisiens. Pour ces douze Esclaves François, Monseigneur le Comte de Toulouse a eu la bonté de nous obtenir *gratis* du Roy la liberté de douze Esclaves Maures, qui sont arrivez chez eux quelque tems après. Le Parisien se nommoit Etienne la Sabloniere de la Paroisse de S. Gervais, & des deux Bretons l'un s'appelloit Adrien Baillif natif de S. Malo, & l'autre Charles Jehannaux natif du Montouer, diocése de Nantes.

Je ne crois pas pouvoir me dispenser de rapporter icy l'action genereuse & chrétienne d'un de ces douze Esclaves rachetez, nommé Raymond

Raymond Arnaud natif de la Baſtide, diocéſe de Bourdeaux. Cet Eſclave travaillant dans les Jardins du Palais avec un Eſclave François, ils furent ſurpris tous deux par le Roy de Maroc, qui ſurvint dans le tems qu'ils ne l'attendoient pas. Ce Prince feingnant de croire qu'ils ne travailloient pas à ſa volonté, leur fit donner, ſur ce prétexte, à chacun un bon nombre de coups de bâton, & enſuite il appuya ſa lance contre le ſecond, en luy diſant qu'il eût à ſe tourner Maure, c'eſt-à-dire, à ſe faire Mahometan. Cet Eſclave, dont je tais le nom, qui n'avoit point répondu, voyant que le Roy ſe mettoit en diſpoſition de le percer avec ſa lance, ſe laiſſa vaincre par la crainte de la mort, & il conſentit à la volonté du Prince qui le careſſa beaucoup, & qui croyant avoir un pareil ſuccès auprès de Raymond Arnaud, luy fit la même choſe pour l'intimider, mais il n'y gagna rien, car cet

Esclave luy presentant l'estomach, protesta genereusement qu'il vouloit mourir Chrétien; alors le Roy jettant sa lance à terre, se contenta de dire: *Ce chien de Chrétien ne veut pas se sauver en professant la Loy de Mahomet*, & il se retira sans luy faire d'autre mal. Cette affaire est arrivée quelque tems avant notre premier Voyage de 1704. ainsi l'un s'en retourna fort content de sa genereuse action, & l'autre tout confus de sa lâcheté. Un autre Esclave, Breton de naissance, dont je tais encore le nom, auroit pû plus facilement imiter Raymond Arnaud dans sa constance en la foy. Ce malheureux étant tombé de fort haut dans un certain endroit, cette chute le blessa dangereusement; mais dans la suite en étant parfaitement gueri, il déguisa si bien sa guérison qu'il marchoit avec des bequilles. Au commencement de l'année 1708. il s'avisa un jour d'entrer dans une *Gemme*, & en sortant, il jetta ses bequilles dans la ruë, & se mit à crier que Mahomet avoit fait un miracle en sa faveur. Tous les Maures applaudirent à son beau discours, le congratulerent sur sa prétenduë guérison, & le menerent à un *Talbe* pour être instruit dans la Loy, & pour être ensuite circoncis.

Comme nous nous trouvions à Miquenez au mois d'Août de cette année 1708. à notre second Voyage pour la Redemption, ce Renegat vint à notre logis pour me voir. D'abord je ne le remettois pas, parce qu'il n'étoit plus habillé en Esclave, c'est pourquoy je luy demanday son nom; & me l'ayant dit, je commencay à luy reprocher son apostasie. Son changement de Religion ne l'avoit pas rendu plus riche, puisqu'à peine avoit-il sur le corps de quoy se couvrir, & ses bras étoient entierement nuds. Pour répondre au reproche que je luy avois fait, il me dit que ce n'étoit pas son dessein de

Ll ij

demeurer dans le païs, & qu'il prendroit ses mesures pour pouvoir s'en retourner en France, mais qu'il ne s'agissoit pas de cela pour le present, & que j'eusse à luy donner cent francs, qui m'avoient été mis entre les mains pour luy, suivant l'avis qu'il en avoit reçu de sa femme par les Lettres que je luy avois fait tenir moy-même. A cela je luy repartis que je ne sçavois pas le contenu de ses Lettres, mais que je n'avois point reçû d'argent pour luy, & même que dans le lieu d'où il étoit, nous n'avions jamais pû avoir aucunes aumônes, que moy qui luy parlois, j'y avois été pour les recevoir dans le tems que j'étois en Bretagne, & qu'on n'avoit pas voulu me les délivrer; je l'assûray de plus, que quand même j'aurois de l'argent pour luy, il pouvoit bien croire que je ne le luy donnerois pas, puisqu'il avoit changé de Religion. Il me quittta en me menaçant d'en porter ses plaintes au Roy, mais qu'il demanderoit auparavant confeil à un autre renegat Breton, dont je tais auffi le nom, qui étoit directeur du Magafin des armes. Ce directeur nous venoit voir de tems en tems, & étant venu à notre logis ce jour-là, je luy racontay toute l'affaire. Il me dit que le confeil qu'il luy donneroit, ce feroit une volée de coups de bâton. Je le priay de ne point le maltraiter, mais feulement de luy dire qu'il prît garde à ce qu'il feroit, parce que j'étois refolu de prendre toutes mes mefures, en cas qu'il portât fes plaintes au Roy. Là-deffus ce directeur me répondit que la rançon pour fa liberté à luy-même étoit à Salé dans le tems qu'il renia, & qu'il n'avoit pas crû pouvoir la demander au Marchand François qui l'avoit, parce qu'il s'étoit fait renegat; mais il me pria d'excufer ce malheureux, parce qu'il étoit dans le dernier befoin. Il pouvoit bien l'appeller malheureux, puis qu'il étoit proche de sa délivrance : car il est certain que vû l'état où il paroissoit être avec ses bequilles, il auroit été du nombre des sept que le Roy de Maroc nous donna en consideration de nos presens dans ce voyage à Miquenez de 1708. Et même les autres Esclaves François luy avoient dit souvent, que si nous revenions, il ne pouvoit pas manquer d'obtenir la liberté. J'ay sçû depuis mon second retour en France que ce renegat, directeur du Magasin des armes, a été accusé auprès du Roy de Maroc de negliger le soin des armes qui luy étoient confiées. Sur cette accusation il fut mis en prison, & y étant il fut encore accusé d'avoir vendu de ces armes à des particuliers. Sur cette seconde accusation ce Prince le fit étrangler dans la prison, & telle a été la fin de ce directeur, qui d'ailleurs, & nonobstant son apostasie, me paroissoit d'un bon naturel. Il faut dire, pour le justifier un peu, que lors qu'on accuse quelqu'un auprès du Roy de Maroc d'un crime qui touche tant soit peu son interêt, ce Prince fait aussi-tôt suivre la punition, sans examiner si l'accusation est vraye ou fausse.

J'ay mis particulierement les noms & le pays de plusieurs Esclaves, & je l'ay fait parce que les uns sont de Paris & de la Province de Bretagne, & qu'outre ce que je viens de dire au sujet des Esclaves Parisiens, les Religieux de la Congregation de Paris de l'Ordre de la Mercy doivent racheter les Esclaves de cette Province pour employer les aumônes qu'ils y reçoivent, comme ayant droit eux seuls d'y faire les quêtes, suivant les Arrêts du Conseil du Roy ; que la rançon de plusieurs a été à un prix excessif, & enfin que leur délivrance se trouve hors du tems des Voyages faits dans les Etats du Roy de Maroc ; mais afin que le Lecteur sçache les noms, les pays, & même l'âge & le tems de l'esclavage de tous ceux qui se sont trouvez être des départemens des Religieux de l'Ordre de la Mercy, je vais conclure la presente Relation par un Catalogue exact, tant de ceux que nous avons eus pour les presens faits au Roy de Maroc, de ceux qui ont fui par le moyen des Maures *Metadores*, à qui nous avons fait payer ce dont ils étoient convenus avec nous, que de ceux que nous avons rachetez en payant leur rançon en tout ou en partie. Par ce Catalogue il verra d'un seul coup d'œil tous les Esclaves François que nous avons délivrez depuis 1704. jusqu'en 1716. & il n'en trouvera que 60; puisque je n'y mets que ceux qui ont été pour le compte des Religieux de l'Ordre de Notre-Dame de la Mercy, Redemption des Captifs.

CATALOGUE

CATALOGUE
DES
ESCLAVES RACHETEZ.

Archevêché de Paris.

ETIENNE la Sablonniere, de la ville de Paris, Paroisse saint Gervais, âgé de 58. ans, Esclave depuis 38. ans, racheté en 1716.

Evêché de Nantes.

Yves le Sang, de Polighen, Paroisse de Bas, âgé de 70. ans, Esclave depuis 35. ans, rach. en 1704.

Charles Boullay, du Croisic, même Paroisse, âgé de 44. ans, Esclave depuis 25. ans, rach. en 1704.

René le Prêtre, du Montouer, âgé de 40. ans Esclave depuis 5. ans, rach. en 1706. Il a payé partie de sa rançon.

Denis Moyon, du même lieu, âgé

de 32. ans, Esclave depuis 7. ans, racheté en 1708. Il a payé partie de sa rançon.

Pierre Charon, du même lieu, âgé de 32. ans, Esclave depuis 10. ans, rach. en 1712.

Gabriel Robin, du Monstiers, âgé de 43. ans, Esclave depuis 24. ans, rach. en 1713.

Alexandre Poniaux, de Machecou, âgé de 30. ans, Esclave depuis 11. ans, rach. en 1715.

Charles Jehannaux, du Montouer, âgé de 34. ans, Esclave depuis 14. ans, rach. en 1716.

Evêché de Rennes.

Etienne Rouille, dit le Lievre, de Vitré, âgé de 62. ans, Esclave depuis 37. ans, rach. en 1712.

Evêché de S. Malo.

Michel Baron, âgé de 29. ans, Esclave depuis 2. ans, rach. en 1706. Cet Esclave étoit d'Avranches en basse Normandie, mais il a été racheté comme étant natif de S. Malo, parce qu'il passoit pour tel, & que sur la liste des François Esclaves à Miquenez, son nom étoit placé parmy ceux de la Province de Bretagne. On n'a sçu que bien après son rachat, quil étoit d'Avranches. Il a payé une partie de sa rançon.

Jean du Chêne, de la ville de S. Malo, âgé de 63. ans, Esclave depuis 25. ans, rach. en 1712.

Adrien Baillif, de la même Ville, âgé de 49. ans, Esclave depuis 26. ans, rach. en 1716.

Evêché de Quimper.

Jean Baptiste Bodenès, de la ville de Quimper, âgé de 55. ans, Esclave depuis 24. ans, rach. en 1704.

Jean Laudre, de Crodon, âgé de 56. ans, Esclave depuis 17. ans, rach. en 1704.

Evêché de S. Pol de Leon.

Hervé Debout, de Guitalmezeau, âgé de 66. ans, Esclave depuis 5. ans, racheté en 1704. Cet Esclave a été pris deux fois, & toutes les deux fois racheté par les Religieux de la Mercy.

François Filis, de Brest, âgé de 43. ans, Esclave depuis 10. ans, rach. en 1711.

Evêché de Vannes.

Pierre Morel, d'Ambon, âgé de 60. ans, Esclave depuis 34. ans, rach. en 1705.

Evêché de Xaintes.

Jacques Gouguet, de Gemozard, âgé de 25. ans, Esclave depuis 10. ans, racheté en 1707.

François Charpentier, de l'Isle d'Oleron, âgé de 53. ans, Esclave depuis 27. ans, rach. en 1707. Il a payé partie de sa rançon.

Samuel du Geac, de Marennes,

âgé de 60. ans, Efclave depuis 32. ans, racheté en 1712.

Pierre Vachon, d'Elmanfe, âgé de 48. ans, Efclave depuis 23. ans, rach. en 1712.

Michel Chave, de l'Ifle d'Albert, âgé de 62. ans, Efclave depuis 24. ans, rach. en 1712.

Archevêché de Bourdeaux.

Pierre Guillain, de la Ville de Bourdeaux, âgé de 54. ans, Efclave depuis 25. ans, rach. en 1704.

Pierre Nicolas, de Sennon, âgé de 47. ans, Efclave depuis 12. ans, rach. en 1707.

Jean Bernard Dert, de la Ville de Bourdeaux, âgé de 30. ans, Efclave depuis 19. ans, racheté en 1708. Il a payé partie de fa rançon.

Jean Minguet, de la même Ville, âgé de 52. ans, Efclave depuis 17. ans, rach. en 1716.

Raymond Arnaud, de la Baftide, âgé de 47. ans, Efclave depuis 16.

ans, racheté en 1716.

Evêché de Condom.

Michel Loisel, du Mas d'Agenois, âgé de 59. ans, Esclave depuis 27. ans, rach. en 1704.

Evêché d'Agde.

Jean Sille, de la ville d'Agde, âgé de 68. ans, Esclave depuis 19. ans, rach. en 1704.

Barthelemy Monginot, de la même Ville, âgé de 33. ans, Esclave depuis 2. ans, rach. en 1705.

Bernard Guay, de Frontignan, âgé de 68. ans, Esclave depuis 26. ans, rach. en 1708.

Jacques Campanon, du même lieu, âgé de 56. ans, Esclave depuis 37. ans, rach. en 1716.

Evêché de Bayonne.

Jean de Hubegui, de S. Jean de Luz, âgé de 50. ans, Esclave depuis 20. ans, rach. en 1707.

Jean de Haroſtegui, d'Andaye, âgé de 56. ans, Eſclave depuis un an, rach. en 1708.

Martin de Haroſtegui ſon fils, âgé de 23. ans, Eſclave depuis 8. ans, rach. en 1715.

Evêché d'Oleron.

Raymond Larbourie, de la ville d'Oleron, âgé de 19. ans, Eſclave depuis 6. ans, racheté en 1706. Il a payé partie de ſa rançon.

Pierre Rouſſet, de la même Ville, âgé de 30. ans, Eſclave depuis 9. ans, rach. en 1708. Il a payé partie de ſa rançon.

Pierre Serviau, de la même Ville, âgé de 56. ans, Eſclave depuis un an, rach. en 1708. Il a payé partie de ſa rançon.

Archevêché d'Arles.

Eſtienne Blain, de Martegues, âgé de 60. ans, Eſclave depuis 5. ans, racheté en 1704.

Pierre Beloni, du même lieu, âgé de 80 ans, Esclave depuis 26. ans, racheté en 1704.

Bertrand Gangneaux, du même lieu, âgé de 50. ans, Esclave depuis 27. ans, rach. en 1708.

Joseph Matthieu, du même lieu, âgé de 29. ans, Esclave depuis 11. ans, rach. en 1707.

Louis Tort, du même lieu, âgé de 57. ans, Esclave depuis 9. ans, rach. en 1712.

Matthieu Carénon, du même lieu, âgé de 51. ans, Esclave depuis 4. ans, rach. en 1712.

Barthelemi de l'Oeil, du même lieu, âgé de 56. ans, Esclave depuis 4. ans, rach. en 1712.

Antoine Toure, du même lieu, âgé de 52. ans, Esclave depuis 29. ans, rach. en 1712.

Laurent Trancher, du même lieu, âgé de 49. ans, Esclave depuis 25. ans, rach. en 1712.

Michel Coullet, du même lieu, âgé de 61. ans, Esclave depuis 38. ans, racheté en 1716.

Jean Fabre, du même lieu, âgé de 70. ans, Esclave depuis 29. ans, rach. en 1716.

François Amiel, du même lieu, âgé de 62. ans, Esclave depuis 3. ans, rach. en 1716.

Evêché de Marseille.

Guillaume Turcati, de la ville de Marseille, âgé de 63. ans, Esclave depuis 31. ans, rach. en 1712.

Louis Boyer, de Six-Fours, âgé de 47. ans, Esclave depuis 18. ans, rach. en 1712.

Evêché de Toulon.

Jean Broquier, de la ville de Toulon, âgé de 38. ans, Esclave depuis 8. ans, rach. en 1705.

Joseph Carbonel, de la même Ville, âgé de 33. ans, Esclave depuis 8. ans, rach. en 1707.

Etienne Blanc, de la Ciouta, âgé

de 40. ans, Esclave depuis 20. ans, racheté en 1707.

Nicolas Bremon, du même lieu, âgé de 53. ans, Esclave depuis 34. ans, rach. en 1712.

Esprit Blanc, du même lieu, âgé de 65. ans, Esclave depuis 18. ans, rach. en 1712.

Pierre Morenne, de Cassis, âgé de 54. ans, Esclave depuis 27. ans, rach. en 1712.

Jacques Marquisan, de la ville de Toulon, âgé de 50. ans, Esclave depuis 3. ans, racheté en 1716.

Je n'ay point mis dans ce Catalogue le prix de chaque Esclave en particulier, & le Lecteur en aura appris la raison, s'il a bien voulu faire reflexion aux differentes manieres, par lesquelles ces soixante Esclaves ont été rachetez, de sorte que les uns, au nombre de onze, ont été donnez pour les presens faits au Roy de Maroc dans le tems de nos deux audiences, & des trois du sieur Pillet ; que la rançon des autres, au nombre de 41. a été payée à differens prix, & qu'il s'en trouve au nombre de 8. qui ont fui par le moyen des Maures *Metadores*, à qui nous avons fait payer ce dont ils étoient convenus avec nous. J'ajoute à cela les dépenses qu'il nous a fallu faire tant pour le transport en France des Esclaves rachetez, que pour celuy des Maures dans leur païs, la nourriture des uns & des autres à Cadiz jusques à leur embarquement, & enfin les autres frais indispensables dans de pareilles occasions.

Le Lecteur aura aussi appris les peines que nous avons euës en ces trois Voyages dans les Etats du Roy de Maroc, la necessité d'en faire tant pour n'avoir cependant qu'une partie des Esclaves François, & les difficultez qui se sont rencontrées dans une si longue negociation de la part de ce Prince & de ses Ministres, par rapport à la mauvaise foy du premier, à l'avidité & à la jalousie des autres qui nous ont trompez, ou qui ont empêché le succès de cette negociation ; il aura encore sçu le sujet pour lequel nous n'avons pû faire paroître processionnellement aucuns Esclaves à Paris, à Nantes & autres Villes de Bretagne, puisque tous ces Esclaves ayant été rachetez en des tems differens, il a fallu les renvoyer pour la plûpart chez eux, à mesure qu'ils étoient rachetez, afin d'éviter les dépenses ; enfin il aura observé que nous n'avons pas eu la permission de racheter ceux que nous avons voulu, & que le Roy de Maroc ne nous a donné que les vieux & les invalides, à l'exception de quelques-uns, qui aussi ont coûté plus que les autres. Ce Prince a pratiqué la même maxime dans les deux Redemptions que nous avons faites en 1676. & 1681. C'est pour cette raison que dans le Catalogue il y a des Esclaves qui ont tant d'années de captivité.

Pour satisfaire à mon devoir, il me faudroit faire à present une petite exhortation au Lecteur sur la necessité indispensable où il est de contribuer par ses aumônes à une œuvre aussi pieuse & charitable qu'est celle de la Redemption; mais j'ay cru pouvoir m'en dispenser, attendu que la lecture de la presente relation en est une assez patetique pour le convaincre de cette necessité, puis qu'elle luy apprend tous les maux que souffrent les pauvres Chretiens ses freres, qui sont Esclaves d'un Prince aussi barbare qu'est Mouley Ismaël Roy de Maroc. Mais avant que de finir il est necessaire de l'informer de quatre choses.

La premiere, c'est qu'en l'année 1716. son Altesse Royale Monseigneur le Duc d'Orleans Regent, sensible au malheur de quatre Chevaliers de Malthe, Provençaux, qui étoient Esclaves à Alger, envoya au Convent de sa part Monsieur l'Abbé de Treſſan ſon premier Aumônier, cy-devant Evêque de Nantes, & a-preſent Archevêque de Roüen, au R. Pere Armand Leon Chevalier, alors Vicaire general de notre Congregation, pour luy inſinuer qu'il feroit une action agreable à ſon Alteſſe Royale, s'il vouloit contribuer au rachat de ces quatre Chevaliers de Malte; que l'affaire propoſée le 11. Juillet de la même année aux Religieux, il fut determiné de fournir une ſomme de quatre mille livres, qui fut portée au ſieur Perrot Commandeur & Procureur de l'Ordre de Malte, & que Son Alteſſe Royale en parut tres-ſatisfaite; que le rachat de ces quatre Chevaliers de Malte étoit d'autant plus difficile, que la rançon de chacun en particulier avoit été taxée à la ſomme de trente-trois mille livres par les Algeriens, qui les avoient fait Eſclaves au ſiege d'Oran, lors qu'ils s'emparerent de cette ville qui appartenoit au Roy d'Eſpagne, & qui est située sur les côtes du Royaume d'Alger.

La seconde, c'est qu'en l'année 1719. les Peres Deputez pour la Redemption, de l'Ordre de la tres-sainte Trinité, & ceux de la Province de Guienne, de l'Ordre de la Mercy, partirent pour aller à Alger, Tunis & Tripoli, afin d'y racheter les François Esclaves pris au service des Etrangers, & qu'ils les délivrerent tous; mais que, comme il n'y avoit point de Bretons, & qu'il ne se trouvoit que quelques Esclaves Parisiens, les Superieurs de la Congregation de Paris, du même Ordre de la Mercy, ne jugerent pas à propos d'envoyer, pour si peu, leurs Peres deputez pour la Redemption; & que, suivant leur deliberation du 19. Avril de la même année, ils confierent une somme de six mille livres aux Peres Deputez qui partoient, afin qu'ils employassent cette somme au rachat de ceux qui pourroient être du departement de ladite Congregation, qui n'a payé que la rançon entiere d'un Esclave Parisien, nommé Jean Turpin, de la Paroisse de S. Sulpice, qui a coûté douze cens livres; le restant des six mille livres a été rendu.

La troisiéme, c'est qu'en l'année derniere 1723. le Reverend Pere Bernard le Roy, Vicaire general de ladite Congregation de Paris, de l'Ordre de la Mercy, a accompli le rachat d'un Esclave natif de S. Malo, nommé Olivier Cotterel, âgé de 20. ans, Esclave depuis trois ans. L'Alcaïd Achmet Ben Ali, Viceroy des Algarves de Barbarie, à qui le Roy de Maroc a donné cet Esclave, demande pour sa rançon mille piastres effectives & de poids, & un Maure de retour. Ces mille piastres évaluées suivant la monnoye de France, telle qu'elle est à present, montent à une somme considerable. Le sieur Cotterel le pere ayant crû pouvoir par luy-même obtenir la liberté de son fils, a envoyé six cens piastres au sieur de la Mare-Oger Marchand François demeurant à Cadiz, & dont le fils est établi à Tetoüan, où est l'Esclave; mais ayant appris depuis qu'il ne pouvoit avoir son fils à moins de mille piastres effectives & de poids, & un Maure de retour, il a eu recours audit Reverend Pere Vicaire general, en luy demandant le même secours qu'on avoit coutume de donner aux Esclaves Bretons rachetez par leurs parens. Pour cet effet ledit Reverend Pere a envoyé les ordres à Cadiz, afin que les 400. piastres qui manquent pour achever la liberté de ce jeune Esclave, soient fournies pour le compte de ladite Congregation, & de plus il s'est chargé d'obtenir la liberté du Maure, & de le renvoyer dans son païs.

La quatriéme, c'est que, vû le peu de succès que les Peres Deputez pour la Redemption ont eu dans une negociation de huit années auprès de

Mouley Ismaël Roy de Maroc, & les dépenses extraordinaires qu'ils ont faites dans les 3. Voyages, il semble qu'il est de la prudence d'attendre la mort de ce Prince, dans l'esperance d'avoir auprès de son Successeur un succès plus avantageux. Ce Roy est dans un âge decrepit, & ainsi il ne peut pas vivre encore long-tems. Son Regne a commencé en l'année 1672. & quand il a succedé à son frere Mouley Archy il avoit plus de 35. ans; par-consequent il doit avoir plus de 86. ans. J'ay sçû depuis peu par une Lettre reçûë de Cadiz, qu'il étoit devenu sourd, & qu'il déclinoit tous les jours. Après sa mort les Peres Deputez pour la Redemption, qui ont été nommez au Chapitre de notre Congregation tenu au mois d'Avril 1723. ne manqueront pas de partir, après que son Successeur leur aura envoyé les Passeports necessaires.

F I N.

TABLE
DES CHAPITRES.

CHAPITRE I. Conquêtes de Mouley Archy Roy de Maroc; sa mort. Mouley Ismaël son frere luy succede. Redemptions faites en 1676. & 1681. dans les Etats du Roy de Maroc. Redemption faite en 1690. dans le Royaume d'Alger. Lettre écrite au Roy par les Esclaves François au sujet de leur liberté. Lettre du Roy de Maroc au même, au sujet de la Redemption. Son Passeport. Depart des Peres deputez pour la Redemption. Leur arrivée à Madrid & à Cadiz. Leur conference touchant la maniere d'agir pour réüssir dans la Redemption. La précaution qu'il faut prendre à l'échange d'un Esclave Chretien avec un Esclave Maure. Depart de Cadiz. Traité fait entre le Roy de Maroc & les Marchands Chretiens qui demeurent dans ses Etats. Arrivée à Salé. Description du Port. Couriers Maures. Page 1.

CHAP. II. *Description de la ville de Salé. Impolitesse des Maures. Leur respect pour le nom de Dieu. Présent fait au Gouverneur. Civilité & politesse des Marchands Chretiens. Habillement des Maures. Visite faite à deux Juifs demeurans au vieux Salé. Leur superstition. Juifs répandus dans tous les Etats du Roy de Maroc ; leur adresse dans le commerce ; leur maniere de s'habiller ; mépris qu'en font les Maures. Depart pour Miquenez. Incommodité des voyages dans les Etats du Roy de Maroc. Adoüar, Village du pays. Sûreté dans les chemins. Beauté de la campagne ; avantage qu'on en pourroit tirer. Raisons pour lesquelles le pays n'est pas bien cultivé. Danger de passer pour riche.* 25

CHAP. III. *Couscousson, le grand regal des Maures ; maniere de l'accommoder & de le manger. Arrivée à Miquenez. Présens pour le Roy de Maroc. Miserable état des Esclaves François. Description de la ville de Miquenez. Petits Gardes du Roy de Maroc. Audience favorable donnée par ce Prince aux Peres Deputez. Ils sont nourris aux dépens du Roy de Maroc. Maniere de construire* les murailles dans le pays. Paſſion de ce Prince pour les bâtimens. Sa cruauté à l'égard des Eſclaves Chrétiens. 57

CHAP. IV. Deſcription du Convent & Hôpital des Peres Recollets Eſpagnols. Reception cordiale des Religieux à l'égard des Peres Deputez. Viſite d'un fils du Roy. Nombre prodigieux des enfans de ce Prince. Demande du Roy de Maroc de trois Maures Eſclaves ſur les galeres de France, pour un Eſclave François. Offre de donner deux Maures pour un François, mais inutilement. Raiſons pour leſquelles les Peres Deputez n'ont pû donner trois Maures pour un François. Ce qui compoſe la chiourme des galeres de France. Conſideration que le Roy de Maroc a pour les Prêtres & les Religieux qui ſont dans l'eſclavage, & pour les Eſclaves qui ont leurs femmes avec eux. Ce que chaque Eſclave a par jour pour vivre. Deſcription du lieu où les Eſclaves Chrétiens logent. Raiſon pour laquelle le Roy de Maroc eſt le ſeul Maître de tous les Eſclaves Chrétiens. Douze Eſclaves François donnez pour les preſens. Particularitez des manieres du Païs. Politique du Roy de Maroc pour assurer son Regne. 86

CHAP. V. *Adresse du Roy de Maroc pour s'attirer des presens. Depart de Miquenez avec les 12. Esclaves. Embarras que donne un des Peres Deputez à cause de son grand âge. Raison pourquoy les Gardes Noirs du Roy de Maroc sont craints. Cruauté de ce Prince à ce sujet. Maniere d'ensemencer la terre dans le païs. Retour à Salé. Payement du droit de sortie des portes pour les douze Esclaves. Perdris vivantes bien cheres à Salé. Embarquement pour Nantes des douze Esclaves & de deux Peres Deputez. Eloge du Capitaine du Vaisseau. Leur arrivée à Paimbeuf, après avoir pensé faire naufrage. Vœu accompli à Paimbeuf. Retour à Cadiz des autres Peres Deputez. Depart de plusieurs d'entr'eux pour France. Trois restent à Cadiz. Mort précipitée d'un des trois. Zele de Monseigneur le Comte de Pontchartrain pour la Redemption des Esclaves François.* 114

CHAP. VI. *Retour d'un des Peres Deputez de Paris à Cadiz. Voyage inuti-*

le à Miquenez du Consul de France à Salé au sujet de la Redemption, Rachat de deux François Esclaves de Mouley Mahamet fils du Roy de Maroc. Revolte de ce Prince contre son pere. Cruauté de Mouley Affet, autre fils du Roy de Maroc. Déroute de Mouley Mahamet, sa prison & son supplice. Superstition des Maures à l'égard des parens de Mahomet. Cruauté de Mouley Zidan heritier présomptif de la Couronne. Sa revolte contre son pere. Artifice du Roy de Maroc pour étouffer cette revolte. Mort violente de Mouley Zidan. Cause de sa revolte. Les Peres Deputez s'adressent à l'Alcaïd Ali Ben Abdalla Viceroy des Algarves de Barbarie, au sujet de leur negociation. Redemption d'Esclaves Genois. Adresse d'un Patron d'une Tartane Françoise. Avarice sordide du Roy de Maroc. Mauvaise foy de l'Alcaïd. Fuite d'Esclaves François par le moyen des Maures Metadores. 112

CHAP. VII. Second Voyage des Peres Députez dans les Etats du Roy de Maroc. Ambassade singuliere envoyée par ce Prince au Roy de Portugal. Sainteté d'une Esclave Portugaise. Les Peres Députez s'adressent à un Marchand François demeurant à Salé, au sujet de leur negociation. Audience favorable donnée par le Roy de Maroc à ce Marchand. Traité fait pour un rachat general des Esclaves François. Second Passeport de ce Prince. Lettre des Esclaves François au sujet de cette audience. Depart de Cadiz pour Salé. Circonstance fâcheuse arrivée au sujet d'une Redemption d'Esclaves Espagnols. Promesse faite & executée fidellement. Remontrance vigoureuse faite au Roy de Maroc par un Talbe. Hypocrisie de ce Prince. 186

CHAP. VIII. *Arrivée à Miquenez. Presens faits au Roy de Maroc. Seconde audience donnée par ce Prince aux Peres Deputez. Il refuse d'executer le Traité fait avec eux. Voyes tentées auprès des deux principales Reines, mais inutilement. Ordre du Roy de Maroc pour faire sortir de Miquenez les Peres Députez. Menaces de faire mettre le feu à la maison où ils étoient logez. Indignation des Maures & des Juifs contre le Roy de Maroc. Cause de ces mauvais traitemens. Depart de Miquenez,*

Miquenez. Charité de deux Maures & du R. Pere Gardien du Convent des Peres Recollets Espagnols envers les Peres Deputez. Aventures arrivées pendant le chemin. Deux audiences données par le Roy de Maroc au Marchand François. Presens faits à ces deux audiences.

CHAP. IX. *Histoire de deux familles Françoises Esclaves. Mauvaise foy du Roy de Maroc à l'égard de ces deux familles. Troisiéme audience refusée au Marchand François, & pourquoy. Tragedie à la mode du pays. Coutumes des Maures pour preparer la terre à recevoir la semence. Danger où s'exposent deux Peres Deputez. Retour à Salé. Perfidie d'un Esclave. François envers deux Maures Metadores. Danger où se trouve le Roy de Maroc d'être tué ou estropié; sa cruauté envers ses petits Gardes du corps. Lettre envoyée à l'Esclave François au sujet de sa perfidie. Cause du mauvais succès de la seconde audience. Voyes tentées par le moyen de deux Ministres du Roy de Maroc. Réponse impie du second, qui étoit un Renegat Espagnol.*

TABLE.

CHAP. X. *Retour à Cadiz d'un des Peres Deputez. Aventures arrivées dans le pays. Inutilité des promesses de ces deux Ministres. Mauvais naturel du Roy de Maroc. Malheureux succès de la Redemption des Esclaves Portugais. Fin funeste de Joseph Diaz Ambass. du Roy de Maroc. Troisiéme audience donnée au Marchand François au sujet de la Redemption. Liberté d'onze Esclaves François. Retour à Cadiz. Pouvoirs laissez au Consul de France à Tetoüan par ordre de Monseigneur le Comte de Pontchartrain. Retour en France par mer. Rencontre de Vaisseaux. Arrivée à Paris avec un Esclave. Le Roy de Maroc envoye un troisiéme Passeport, pour lequel on n'a aucun égard. Lettre écrite par ce Prince à Loüis XIV.*

CHAP. XI. *Raisons pour lesquelles on s'est adressé une seconde fois à l'Alcaïd Ali Ben Abdalla pour la Redemption. Traité fait entre l'Alcaïd & le Consul de France pour un rachat général des Esclaves François. Distinctions particulieres faites à l'Alcaïd à son entrée à Miquenez. Depart de France pour un troisiéme Voyage au sujet de la Redemp-*

tion. Les Peres Députez s'embarquent à Marseille avec 23. Esclaves Maures. Ils abordent à Alicant, où il leur arrive une petite aventure. Fanfaronade Angloise. Ils sont poursuivis par un Vaisseau François pris pour un ennemi. Leur arrivée à Malaga, où un de leurs Maures meurt.

CHAP. XII. *Les Peres Députez partent de Malaga avec un plaisant équipage. Leur arrivée à Cadiz, & de là à Ceüta, où ils sont bien reçûs. On met les Maures en prison, & pourquoy. Naïve réponse d'un Maure. Description de la Ville & Port de Ceüta. Description du Camp des Maures. L'Alcaïd Ali Ben Abdalla est averti de l'arrivée des Peres Deputez. Découverte de la mauvaise foy de l'Alcaïd. Sa colere & ses menaces au sujet du refus à luy fait d'échanger les 22. Esclaves Maures avec les 20. Esclaves François qui étoient au Camp. Cause de ce refus. Promesse faite d'écrire pour France, appaise l'Alcaïd. Ordre au nouveau Consul de Tetoüan de sortir des Etats du Roy de Maroc. Consulats de Salé & de Tetoüan, mau-*

vais postes. Courier du Cabinet envoyé à Cadiz. Ordre de la Cour de faire l'échange. Un des Peres Deputez va à Cadiz pour y prendre l'argent de la rançon des 20. Esclaves François.

CHAP. XIII. Retour à Ceüta avec l'argent. Détail de ce qui s'est passé à l'échange des Maures avec les François. Impatience de l'Alcaïd & son impolitesse. Transport de l'argent par mer. Avidité des Maures pour recevoir des presens. Histoire du Chevalier de Laval, Seigneur Anglois. Infidelité du Roy de Maroc touchant l'observation des Traitez de paix. Mécontentement des habitans de Ceüta. Depart avec les 20. Esclaves François, & l'arrivée à Cadiz. Disgrace de l'Alcaïd, & pourquoy. Son retour en grace auprès du Roy de Maroc. Embarquement à Cadiz pour France. Ceremonie maritime quand on passe le détroit de Gibraltar.

CHAP. XIV. Arrivée à Malaga. Accident fâcheux survenu à Alicant à un des Peres Deputez. Son sejour en cette Ville pour sa guérison. Depart d'Alicant. Rencontre de deux Corsaires Algeriens & d'un Vaisseau Genois. Incommodité de la navigation en tems de guerre. Danger sur mer par un grain de vent. Arrivée au Port de Marseille sans faire quarantaine, & pourquoy. Processions des Esclaves faites à Marseille, à Aix, à Avignon & à Lion. Arrivée à Paris avec cinq Esclaves. Succès qu'a eu l'Alcaïd Ben Abdalla au sujet de l'affaire de la Redemption. Inutilité des tentatives faites par le moyen de son fils Achmet Ben Ali.

CHAP. XV. *Rachat de douze Esclaves François, fait en l'année* 1716. *par le moyen d'un Marchand François demeurant à Salé. Action genereuse d'un de ces douze Esclaves. Catalogue des Esclaves rachetez des Départemens des Religieux de l'Ordre de la Mercy. Difficulté au sujet du prix juste du rachat de chaque Esclave. Observations à faire sur la longue negociation des Peres Deputez. La Relation des trois Voyages sert d'exhortation. Rachat de quatre Chevaliers de Malte, auquel la Congregation de Paris de l'Ordre de la Mercy contribuë. Raisons pour lesquelles les Peres Deputez de ladite Congregation n'ont point été à la Redemp-*

438 TABLE DES CHAPITRES.
..tion faite en l'année 1719. dans les Royaumes d'Alger, Tunis & Tripoli. Rachat d'un Esclave Parisien. Ordre envoyé à Cadiz pour aider au rachat d'un Esclave de S. Malo.

Fin de la Table des Chapitres.

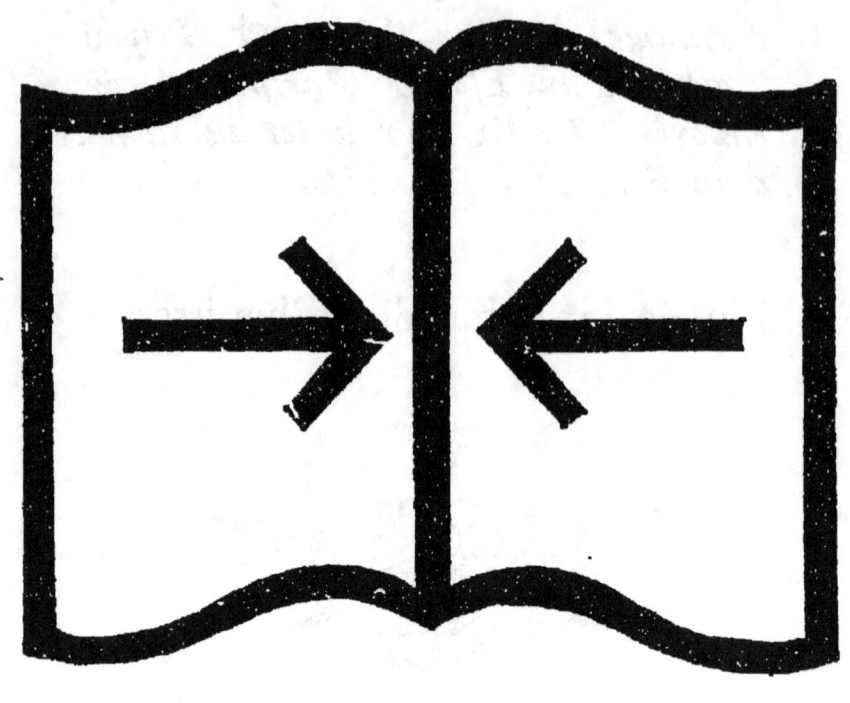

**RELIURE SERRÉE
ABSENCE DE MARGES INTÉRIEURES**

VALABLE POUR TOUT OU PARTIE DU DOCUMENT REPRODUIT

www.ingramcontent.com/pod-product-compliance
Lightning Source LLC
Chambersburg PA
CBHW060926230426
43665CB00015B/1853